TERAPEUTAS DO DESERTO

Dados Internacionais de Catalogação na Publicação (CIP)
(Câmara Brasileira do Livro, SP, Brasil)

Leloup, Jean-Yves
  Terapeutas do deserto: de Fílon de Alexandria e Francisco de Assis a Graf Dürckheim / Jean-Yves Leloup, Leonardo Boff; 16. ed. / organização de Lise Mary Alves de Lima; tradução Pierre Weil. – Petrópolis, RJ: Vozes, 2013.

  10ª reimpressão, 2025.

  ISBN 978-85-326-1903-7

  1. Dürckheim, Graf 2. Espiritualidade 3. Francisco de Assis, Santo, 1181 ou 2-1226 4. Philon, Alexandria 5. Terapeutas (Ascetismo) I. Boff, Leonardo. II. Lima, Lise Mary Alves de. III. Título. IV. De Fílon de Alexandria e Francisco de Assis a Graf Dürckheim.

97-3352   CDD-128.2

Índices para catálogo sistemático:
1. Espiritualidade humana: Filosofia 128.2

JEAN-YVES LELOUP
LEONARDO BOFF

TERAPEUTAS DO DESERTO

De Fílon de Alexandria
e Francisco de Assis a Graf Dürckheim

Organização: *Lise Mary Alves de Lima*
Tradução: *Pierre Weil*

EDITORA VOZES

Petrópolis

© 1997, Editora Vozes Ltda.
Rua Frei Luís, 100
25689-900 Petrópolis, RJ
www.vozes.com.br
Brasil

Todos os direitos reservados. Nenhuma parte desta obra pode ser reproduzida ou transmitida por qualquer forma e/ou quaisquer meios (eletrônico ou mecânico, incluindo fotocópia e gravação) ou arquivada em qualquer sistema ou banco de dados sem permissão escrita da editora.

Conselho editorial

Diretor
Volney J. Berkenbrock

Editores
Aline dos Santos Carneiro
Edrian Josué Pasini
Marilac Loraine Oleniki
Welder Lancieri Marchini

Conselheiros
Elói Dionísio Piva
Francisco Morás
Teobaldo Heidemann
Thiago Alexandre Hayakawa

Secretário executivo
Leonardo A.R.T. dos Santos

Produção editorial

Anna Catharina Miranda
Eric Parrot
Jailson Scota
Marcelo Telles
Mirela de Oliveira
Natália França
Priscilla A.F. Alves
Rafael de Oliveira
Samuel Rezende
Verônica M. Guedes

Editoração e org. literária: Enio P. Giachini
Diagramação: Sheilandre Desenv. Gráfico

ISBN 978-85-326-1903-7

Este livro foi composto e impresso pela Editora Vozes Ltda.

Sumário

Prólogo – *Roberto Crema e Pierre Weil*, 7

Nota da organizadora: A arrumadeira tem a palavra – *Lise Mary Alves de Lima*, 11

Introdução – *Jean-Yves Leloup*, 13

Capítulo 1
   1.1 Introdução à fenomenologia dos itinerários espirituais – *Jean-Yves Leloup*, 17
   1.2 As etapas do itinerário espiritual de São Francisco de Assis – *Leonardo Boff*, 27

Capítulo 2
   2.1 A antropologia dos Terapeutas de Alexandria e de Graf Dürckheim – *Jean-Yves Leloup*, 49
   2.2 A imagem que São Francisco tinha do ser humano – *Leonardo Boff*, 65
   2.3 As dimensões de Francisco – *Jean-Yves Leloup*, 91

Capítulo 3 – A sombra – *Jean-Yves Leloup*, 95

Capítulo 4 – O numinoso – *Jean-Yves Leloup*, 105

Capítulo 5
   5.1 O discernimento – *Jean-Yves Leloup*, 115
   5.2 O numinoso e o discernimento em Francisco de Assis – *Leonardo Boff*, 128

Capítulo 6
   6.1 Reflexões, perguntas e respostas, 143
   6.2 A celebração final – *Jean-Yves Leloup*, 165

Epílogo – *Roberto Crema*, 169

Índice, 171

Prólogo

"O fruto do silêncio é a oração;
o fruto da oração é a fé;
o fruto da fé é o amor;
o fruto do amor é o trabalho."

Madre Tereza de Calcutá

É com imensa alegria que oferecemos ao público brasileiro uma relíquia de sabedoria.

Este livro tem sua origem em um seminário ocorrido em Brasília, nos dias 11 a 13 de outubro de 1996, sob os auspícios da Unipaz e que se intitulou "Dos Terapeutas de Alexandria à terapia iniciática de Graf Dürckheim".

Fazemos uma viagem ao longo de uma saga. Uma viagem iniciada nos Antigos Terapeutas – dos quais vocês têm agora o texto básico no livro *Cuidar do ser*, editado pela Editora Vozes – e que prosseguiu com os ensinamentos contemporâneos da Escola de Todmoos Rütte, de Graf Dürckheim. Neste contexto, foi conferencista *Jean-Yves Leloup*, que traduziu, do grego para o francês, o texto de Fílon de Alexandria, além de ter escrito muitos outros livros. Jean-Yves é Ph.D em psicologia transpessoal, filósofo e teólogo. Por seu conhecimento, sua presença e transpiração do Ser, Jean-Yves encarna a chama do terapeuta. Esta chama que zela pela inteireza humana, a qual estamos resgatando na transmodernidade e que, nos anos que virão, continuará iluminando a nossa inteligência e aquecendo o nosso coração.

É muito tocante constatar que, no fundamento da civilização judaico-cristã, os Antigos Terapeutas nos deixaram a inspiração básica para o resgate que agora estamos fazendo, evidentemente com a contribuição da ciência e da tecnologia ocidental nos últimos séculos: a abordagem transdisciplinar holística da realidade.

Tivemos, também, como conferencista e companheiro de viagem, outro ser humano e terapeuta muito especial, de quem todos nós, brasileiros, orgulhamo-nos, e que é *Leonardo Boff*. O nosso Leonardo da Teologia da Libertação, um homem como ele próprio postula da mística das mãos operosas e dos olhos abertos... Foi uma grande honra poder estar junto dele durante aqueles dias. Leonardo Boff tem também dezenas de livros publicados e, entre esses, um livro sobre São Francisco de Assis, cuja figura e itinerário ele focalizou brilhantemente durante o seminário.

Assim, tivemos o privilégio de saborear a sinergia de dois dos mais importantes e lúcidos teólogos do mundo contemporâneo em um seminário que foi parte dos cursos de "Formação em psicologia transpessoal" e "Holística de base" da Universidade Holística Internacional de Brasília, Unipaz.

Como coordenador que fui deste seminário, quero trazer a minha admiração e minha gratidão ao seu reitor, *Pierre Weil*, este franco-brasileiro que, integrando as duas culturas, prontificou-se em traduzir as palavras de Jean-Yves Leloup, sempre de forma jovial e com a juventude que caracteriza quem vive plenamente cada uma das estações da vida. Pierre Weil nos brindará com algumas palavras e fará um breve histórico da nossa universidade. Agradeço também à zelosa e competente companheira de sonhos e utopias, *Lise Mary Alves de Lima*, pelo milagre de transmutar em livro o encantamento inusitado deste encontro.

Roberto Crema
Colégio Internacional dos Terapeutas

Como Roberto Crema disse, o seminário que originou este livro abriu as comemorações do 10º aniversário da Unipaz, que se iniciou em 1986 com a onda levantada pelo I Congresso Holístico Internacional e celebrada em Brasília, em março de 1987.

Aliás, ela começou um pouco antes, quando cheguei em Paris, vindo de um retiro de três anos entre os Lamas tibetanos, refletindo sobre a verdadeira natureza do Espírito.

Em Paris, soube da existência de uma Universidade Holística. Impressionado com essa ideia, resolvi procurá-la. Conheci Monique-Thonique que estava à frente da universidade há oito anos e que a definia como um espaço consciencial. O *campus* onde a mesma se desenvolvera estava situado no terraço do edifício onde ela morava. Durante este tempo, em Paris, várias instalações foram utilizadas, e a fina flor da psicologia transpessoal e da holística foi convidada a participar. Entretanto, Monique estava muito cansada e me falou do seu desejo de fechar a universidade.

Eu tinha acabado de conhecer Jean-Yves Leloup. Resolvi convidá-lo para uma conversa com Monique e surgiu daí uma situação muito curiosa. Jean-Yves dizia-se também muito cansado. Dirigia nesta época o Centro Internacional de la Sainte Baulme, no sul da França, o qual tinha todas as características de uma universidade holística.

A Sainte Baulme está edificada sobre uma gruta e reza a tradição que Maria Madalena ao chegar à França, após a morte do Cristo, aí se refugiou. Jean-Yves fez uma escola, e de uma certa maneira exerce o seu sacerdócio recuperando pessoas marginalizadas por vícios diversos e "ovelhas" perdidas, como eu mesmo presenciei. Era um trabalho muito bonito, procurando dar à tradição cristã o seu sentido original. Um trabalho semelhante ao que Leonardo Boff vem realizando há muitos anos, no Brasil.

Reunimo-nos em Paris e Jean-Yves falou assim: "Já que estamos todos cansados, façamos uma coisa maior. Criemos a Universidade Holística Internacional". Fizemos os estatutos, registramos na Prefeitura de Paris e, ainda na Sainte Baulme, realizamos um primeiro seminário intitulado: "A aliança". Foi realmente um grande encontro, um evento histórico que culminou com a colocação do nome *Aliança* em um monumento da Av. de la Grande Armée, em Paris. Nessa ocasião redigimos também o programa do Curso de Formação Holística de Base. Isto ocorreu há mais de dez anos.

Depois vim para o Brasil e vocês conhecem o resto da história. O Governador José Aparecido de Oliveira, sonhando com uma instituição como essa, convidou-me para iniciá-la e dirigi-la e, dessa maneira, nasceu a Universidade Holística Internacional em Brasília.

Entre os frutos desta universidade, tivemos este seminário, cujos conferencistas, Jean-Yves Leloup e Leonardo Boff, souberam nos brindar com o melhor de Fílon e seus Terapeutas, Graf Dürckheim e Francisco de Assis.

Pierre Weil
Reitor da Unipaz

Nota da organizadora
A arrumadeira tem a palavra

> "J'ai eu longtemps un visage inutile
> Mais maintenant
> J'ai un visage pour être aimé
> J'ai un visage pour être heureux"
>
> *Paul Éluard*[1]

Agradeço aos autores por este rosto novo, por esta expressão nova que habita em mim a cada vez que, terminada a parceria espiritual com eles, entrego ao Roberto Crema este monte de papéis para os ajustes finais. E agradeço ao Roberto, pela confiança.

Acostumei-me a pensar que os livros da coleção *Colégio Internacional dos Terapeutas* têm a sua fase passarinheira. Das nossas mãos eles voam para as do Leonardo, em uma revisão final. Depois para a Editora Vozes. E depois, voam para nossos amigos daqui e dali. Do início ao fim, acompanhados e guiados pelo grande sopro. Desta vez, em um cortejo: Fílon e seus Terapeutas, Graf Dürckheim e Francisco de Assis, o nosso Chico Passarinheiro que é também das Chagas e do Canindé.

Um nó de relações, é o que somos... Uma comunhão dos santos, como a Igreja romana chama. Daí por que gostamos de agradecer. Àquela conspiração do universo que nos trouxe, juntos, Jean-Yves e Leonardo. Às poltronas cômodas e ao ar refrigerado

---

[1]. Durante muito tempo tive um rosto inútil / Mas agora / Tenho um rosto para ser amado / Tenho um rosto para ser feliz.

do Parlamundi (L.B.V.). Tudo bem-organizado, as conferências sendo gravadas com carinho, a tradução impecável do Pierre, Antoine cochichando ao ouvido do Jean-Yves de modo a que ele não perdesse nada do que Leonardo e os outros falavam. Ao final, a celebração do batismo, crisma e comunhão no ambiente ecológico da Cidade da Paz. Aquele ambiente descontraído e alegre, as fitas passando para minhas mãos com jeito de pão quentinho. Fitas da Unipaz, fitas da Mônica Jorge, fitas do Antoine Stauder – agradeço a elas e a seus donos. Como também sou grata a Cristina Arruda, nossa xamã, pela correção final do texto.

Talvez repita, a cada livro que "arrumo", as mesmas palavras. Mas gosto do que digo agora e que direi sempre, de um modo ou de outro. A minha missão, o meu trabalho estão terminados. Minha amiga Myrtes Mattos diz que a mulher "costura" o mundo. Completo dizendo que ela não só é costureira como arrumadeira também. Arrumadeira de casas e de textos. E de textos para casas vivas. A mulher que gosta de nutrir, arruma pratos e talheres, toca o sino, quando o alimento está na mesa. Pão e vinho, por que não? Venham todos. Vamos nos alimentar desta comida leve e gostosa. Vamos digeri-la bem, deixar que se absorva e que passe a fazer parte de nós. Tornando-nos melhores para conosco e para com nossos irmãos. Em nome do Pai, do Filho e do Espírito Santo, Amém.

Lise Mary Alves de Lima

Introdução

Jean-Yves Leloup

> "Ao chegar à borda da floresta, o riacho vem maior, quase um rio. Adulto, já não corre, salta e borbulha como fazia quando jovem. Agora, move-se com a tranquilidade de quem sabe para onde vai. Diz: 'Não há pressa. Chegarei lá.'"
>
> *Princípios do Wu-Wei*[2]

Pierre referiu no "Prólogo" sobre um período em que nós recuperávamos ovelhas perdidas. Gostaria de enfatizar que não estamos aqui para recolher ovelhas perdidas, porque todos nós estamos perdidos e todos nós procuramos um caminho. Não estamos aqui para dar respostas, mas para convidá-los a um caminho. Convidá-los a uma transformação, a uma construção.

Vocês conhecem o provérbio chinês: "Se alguém tem fome e você lhe dá um peixe para comer, ele terá o que comer durante um dia. Entretanto, se você lhe dá uma vara de pesca e o ensina a pescar, ele terá o que comer todos os dias". Não estamos aqui para vender pequenos peixes, mas para aprender a confeccionar nossa própria vara de pescar. E para termos a liberdade de utilizá-la ou não.

Isto posto, proporei a vocês um programa de trabalho, mesmo sabendo que cada vez que faço a previsão de um programa, em Brasília ou no Brasil, ocorrem mudanças. Mas, assim mesmo,

---

2. HOFF, Benjamin. *O Tao do Pooh*. [s.l.]: TRIOM, 1982.

quero mostrar em que direção seguiremos e como aproveitaremos a presença de Leonardo Boff entre nós.

Inicialmente proponho-lhes seguir o *itinerário da alma*, seu itinerário espiritual, na tradição dos Antigos Terapeutas e de Graf Dürckheim. Paralelamente, Leonardo Boff falará do itinerário de São Francisco de Assis. Em seguida refletirei com vocês sobre a *antropologia* dos Antigos Terapeutas e a de Graf Dürckheim, porque é a partir desta antropologia, consciente ou inconsciente, que vamos julgar um ser humano como sadio ou doente. A nossa educação bem como as diferentes formas de terapia têm todas um pressuposto antropológico que é preciso esclarecer. E nessa ocasião seria interessante perguntar a Leonardo Boff qual a imagem do homem que São Francisco de Assis tinha, o que animou a sua vida, qual era esse arquétipo de síntese que habitava nele.

Em um segundo tempo, vamos nos interrogar sobre a *experiência* do numinoso, sobre o que ele pode ter de fascinante e o que ele pode ter de aterrador. Ver como os Antigos Terapeutas e Graf Dürckheim acompanhavam este gênero de experiência. E quais as experiências do numinoso em Francisco de Assis, as mais transparentes e as mais dilacerantes. Após termos falado do numinoso será importante desenvolver em nós um certo *discernimento*, porque nem tudo que brilha é luz. Há experiências que nos ofuscam, mas não nos esclarecem. Leonardo Boff, há pouco, fazia a diferença entre mística e mistificação. Atualmente, diante de certas experiências classificadas como numinosas e espirituais, que talvez tenham aparência mas que não têm a essência, temos necessidade de discernimento. E nos interessa saber qual era a prática de discernimento em Francisco de Assis.

Nesse encadeamento, somos conduzidos a um outro tema. A presença da luz em um quarto escuro mostra-nos não somente coisas agradáveis mas os cantos que não estão muitos limpos. O sinal de que a nossa experiência de luz é verdadeira é que ela nos permite descobrir nossa *sombra*. Veremos a experiência da sombra nos Antigos Terapeutas e Graf Dürckheim. E como Francisco de Assis assumiu e atravessou a experiência da sombra.

Como última questão, poderíamos nos colocar qual o *sentido do sofrimento* entre os Antigos Terapeutas e como eles faziam a sua travessia. Como viver esta Páscoa, esta passagem, quer seja em nível pessoal ou coletivo? E interrogar Francisco. Que sentido ele dava ao sofrimento, ao absurdo e à morte? Como ele mesmo viveu esta morte e esta ressurreição?

Este é o programa que foi previsto. Talvez ele se torne diferente, de acordo com as circunstâncias e com as questões.

Capítulo 1

1.1 Introdução à fenomenologia dos itinerários espirituais

Jean-Yves Leloup

> "O Imperador Amarelo, vagueando,
> perdeu sua pérola cor-da-noite.
> Mandou a ciência procurar a pérola, mas em vão.
> Mandou a análise procurá-la, em vão. Mandou a lógica, em vão.
> Depois interrogou o nada e o nada a possuía!
> Disse o Imperador Amarelo: 'Estranho, deveras.
> O nada que não foi enviado,
> Que não se esforçou por achá-la,
> É que possuía a pérola cor-da-noite!'"
>
> Chuang Tzu[3]

Proponho-lhes apresentar sete etapas que são encontradas em quase todas as tradições. Cada um pode revestir estas etapas com as imagens e as representações da tradição que lhe é familiar. Contudo, tanto os Antigos Terapeutas como Graf Dürckheim falam em uma linguagem que não é religiosa, isto é, que não pertence a uma tradição particular. Falam da experiência de profundidade que existe em todo ser humano. O que se passa para que um

---

3. MERTON, Thomas. *A via de Chuang Tzu*. Petrópolis: Vozes, 1996.

homem ou uma mulher, tendo uma vida considerada normal, queira, de repente, mudar de vida. Uma mudança de vida que será uma travessia de sombra e de luz, com momentos de imensa felicidade e momentos de aflição e solidão.

Este itinerário pode nos ajudar a conhecer a mística das grandes tradições e pode também nos ajudar no conhecimento de nós mesmos. Porque, como dizia Maslow e como lembrava Roberto Crema, se hoje nós estudamos, de modo científico, a vida dos santos e a vida dos sábios é porque eles têm algo a nos ensinar sobre o verdadeiro ser humano. E algumas vezes nós estudamos demais o ser humano a partir de suas doenças, quando poderíamos conhecê-lo melhor a partir de seu estado de realização. Mas este estado de realização não chega sozinho. É realmente um caminho e este caminho não é simples nem é fácil.

Estas etapas das quais falaremos são familiares a alguns de nós e é bom que possamos compartilhá-las juntos. Podemos nos deter em cada uma destas etapas, mas o que nos pede a tradição dos Terapeutas ou de Graf Dürckheim é que continuemos a caminhar. Porque o mais grave que poderia nos ocorrer seria pensar que chegamos.

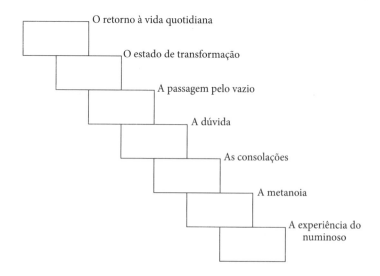

Primeira etapa: A experiência do numinoso

Então, como primeiro passo, como primeira etapa de todo itinerário espiritual, do ponto de vista fenomenológico, observa-se uma *experiência do numinoso*, seja uma experiência de transparência, seja uma experiência de dilaceramento. O numinoso nos fascina porque descobrimos a nossa realidade verdadeira e, ao mesmo tempo, faz-nos medo porque questiona o nosso modo habitual de vida e de consciência. Mais adiante exploraremos melhor os diferentes lugares de nossa vida, onde o numinoso pode se manifestar.

Em uma abordagem rápida, para uns, o numinoso se manifesta na natureza, na grande natureza; para outros, manifesta-se na experiência da arte; para outros, ainda, é através de um encontro, do encontro amoroso, do encontro de um espírito com outro espírito, de um coração com outro coração. O numinoso pode ocorrer em um local sagrado ou na leitura de um texto sagrado; no decorrer de um acidente ou de um sofrimento físico intolerável. Pode acontecer através de uma experiência do absurdo, onde somos obrigados, às vezes, a ir além da razão; ou em uma experiência de solidão, quando, de repente, sentimo-nos envolvidos por uma presença. Finalmente, pode ser uma experiência de proximidade com a morte e sobre esse assunto temos, atualmente, testemunhos numerosos.

Poder-se-ia dizer que o ser fala a cada um com a linguagem que cada um compreende. Nem todos compreendem a linguagem da natureza ou a linguagem da arte. Então, o ser pode nos tocar, pode nos procurar através de experiências inesperadas, felizes ou infelizes. Mas esta experiência é única. Nela ocorre algo que nunca poderemos esquecer e que não poderemos também explicar. E, às vezes, em determinadas antropologias, estas experiências são reduzidas ou excluídas.

Em um itinerário espiritual, deve-se fazer desta experiência uma oportunidade de iniciação. Não considerá-la como algo que jamais se reproduzirá ou como uma graça maravilhosa que queremos que se repita a todo instante. Porque esta experiência é uma revelação de nossa natureza verdadeira.

Mas agora, cabe a pergunta: Como reencontrar em nossa vida quotidiana o que poderíamos chamar de *peak experience*, experiência culminante? Graf Dürckheim a chamava de horas estreladas da existência, onde as estrelas noturnas nos servem de guias. É importante guardar a lembrança destas horas estreladas. A estrela que vai nos colocar a caminho é a estrela de Belém e os magos, os pastores, o asno e o boi simbolizam toda esta humanidade inconsciente e às vezes sofredora.

Segunda etapa: A metanoia

Assim, aproximamo-nos do segundo passo que poderíamos chamar *metanoia,* mudança de vida, mudança de consciência. Nesta segunda etapa procuramos alguém que possa esclarecer o que acaba de nos acontecer. Porque podemos nos perguntar com lucidez se não estamos sonhando, se o que nos ocorreu não é uma fantasia, se não nos contamos estórias. E o sinal de que a experiência numinosa realmente nos tocou é que não podemos mais viver da mesma maneira que antes. Procuramos nos esclarecer sobre o ocorrido e temos em nós a humildade necessária para chegar a um real discernimento. Caso contrário, arriscamo-nos a ficar na inflação, na megalomania.

A função da pessoa que vai nos acompanhar, quer seja um terapeuta, um amigo ou uma amiga é, por um lado, tranquilizar-nos sobre o que nos acontece: "Não. Você não está enlouquecendo. Mas o que você vai fazer? O que você vai fazer desta experiência?" Nesse momento, aquele que nos acompanha deve ser também um guia espiritual, que não somente escuta, compreende e interpreta, mas também nos dá diferentes meios, exercícios e práticas que vão nos permitir retomar o contato com esta experiência inesperada e integrá-la em nossa existência. A integração é essencial e por isso falamos tanto sobre ela. Porque podemos ter tido experiências maravilhosas e magníficas, mas, concretamente, em que elas mudaram as nossas vidas? O que mudou em nossa vida quotidiana?

Dessa maneira, podemos ter necessidade de uma prática, de um método em nosso itinerário. A palavra *método* deriva do grego *methodos*, onde *odos* quer dizer caminho. Como reencontrar o caminho para o nosso próprio centro? Portanto, se temos a sorte de encontrar um terapeuta, um amigo ou um guia, homem ou mulher, esta prática vai começar a dar frutos.

Terceira etapa: As consolações

Entramos na terceira etapa, na qual conhecemos um certo número de experiências gratificantes, chamadas comumente de *consolações*. São momentos em que, efetivamente, a paz dura um pouco mais e onde, no interior de nossa mente, o silêncio torna-se algo real. Onde a luz tem a duração maior que a de um raio. São João da Cruz fala muito destas consolações dos iniciantes e lembra que, às vezes, nós podemos tomar estas consolações como a finalidade do caminho, apegando-nos a elas e querendo repeti-las. É o que se chamará de *materialismo espiritual*. Tornamo-nos apegados a estados de consciência, tornamo-nos apegados a pequenos calores que vêm nos visitar ou a luzes que são como escotomas cintilantes em nosso cérebro.

Portanto, nesta etapa, é preciso acolher estes momentos gratificantes com gratidão, mas, ao mesmo tempo, não se apegar a eles e não procurá-los. Esta orientação é encontrada em todas as tradições. Porque, se nós nos apegarmos a estes momentos, se quisermos reencontrá-los sem cessar, em lugar de nos ajudarem a avançar, eles nos param, bloqueiam-nos, fazendo-nos entrar em uma espécie de complacência para com eles.

Quarta etapa: A dúvida

A vida, porém, é uma grande mestra e se encarrega de tirar nossas ilusões. Algumas vezes ela nos faz cair do cavalo, como fez a Paulo no caminho de Damasco. Algumas vezes faz-nos encontrar leprosos, como Francisco em seu caminho. Então, podemos verificar se nossa experiência anterior deitou raízes em nós mesmos. Se a nossa experiência não era apenas um apego, um estado de consciência particular que nós chamamos de Deus ou de um outro nome. Mas Deus está além de todos os estados de consciência. Em outras tradições se dirá que o Nirvana está além de todos os estados de consciência. Corremos o risco de considerar um estado de consciência particular, um estado de bem-estar pessoal, como um ídolo e não como a presença de Deus. E por isso, algumas vezes, a vida faz cair os ídolos.

Na vida dos místicos há sempre esta quarta etapa, que é a etapa da *dúvida*. Uma fase em que nos sentimos secos como se fôssemos o próprio deserto. Depois de termos conhecido o oásis e o frescor da fonte é preciso caminhar muito tempo em temperaturas ardentes. Após o tempo da consolação conhecemos o tempo da provação. Os japoneses chamam este tempo de "a grande dúvida". Este tempo em que dizemos: "Talvez todo este caminho que eu fiz até agora, todas estas práticas contemplativas e meditativas sejam apenas ilusões. Talvez o que eu chame de grande amor seja somente uma modificação dos meus hormônios".

Ocorre nesta etapa um questionamento total de si mesmo. É semelhante ao que acontece com o amor, onde o verdadeiro amor se torna uma dualidade assumida e ultrapassada. A fé verdadeira se torna também uma grande dúvida, assumida e ultrapassada. Mas a fé que não assume a dúvida nada tem a ver com a fé. Ela é apenas uma crença, uma crença que pertence a uma dada sociedade mas não é uma experiência. A fé que assume a dúvida adere à presença do ser que está presente mesmo quando não o sentimos.

Quinta etapa: A passagem pelo vazio

Assim, chegamos à quinta etapa, à *passagem pelo vazio*, por uma espécie de vazio misterioso. Na língua grega fala-se da *Quenosis* que é uma espécie de aniquilamento. E neste caso será preciso discernir entre o vazio da depressão e o vazio de um caminho de transformação. O terapeuta deve estar muito atento neste momento. Não é porque uma pessoa se sente deprimida que ela se torna uma grande mística, mas, algumas vezes, certos místicos viveram experiências bem próximas da depressão. Eles tiveram a impressão de que Deus os abandonou e chega o momento em que, mesmo esse abandono, não tem mais importância.

Estamos aí muito próximos desta experiência de vacuidade, da noite do espírito e da noite dos sentidos. Da noite também do afetivo, porque, neste momento, damo-nos conta que aquilo que nós amamos não é o outro mas o Todo-Outro, o que nós amamos é sentir-nos amorosos. O que nós amamos somos nós mesmos. Neste momento de vazio, descobrimos a alteridade do ser, uma outra consciência que não podemos confundir com nenhuma outra consciência particular. É nesta experiência de vazio que iremos vivenciar um novo nascimento.

Mestre Eckhart, que Graf Dürckheim considerava como seu mestre, dizia que é preciso ser virgem para se tornar mãe. É uma estranha frase e quer dizer o quê? Quer dizer que é preciso se esvaziar do seu Ego. Ser virgem é estar em um estado de silêncio, silêncio do coração, do mental e mesmo silêncio do corpo. Neste silêncio vai ocorrer uma imaculada concepção. No vazio de nós mesmos será gerado o filho, será gerada a filha de Deus. São palavras que podem parecer ousadas, mas tanto Mestre Eckhart quanto os padres da Igreja diziam que nós temos que nos tornar Mães de Deus – *Theotokos*. Quer dizer que nosso corpo, nosso psiquismo, nosso mental, quando estão em estado de silêncio deixam passar a Grande Vida. Permitem que a Grande Vida se encarne através da forma particular que nós somos. É como um vaso que depois de purificado e limpo foi aberto e que então pode dar de beber aos outros.

Sexta etapa: O estado de transformação

Portanto, a quinta etapa, a passagem pelo vazio, conduz-nos à sexta etapa, que é o *estado de transformação*, de união. Os Antigos tinham uma imagem a esse respeito. Quando você coloca uma acha de lenha no fogo, inicialmente há fumaça, mau cheiro e depois vem o momento em que a madeira se transforma em fogo e não distinguimos mais uma e outro. A experiência interior é estranha porque é como se estivéssemos além do sofrimento. O fogo não queima o fogo, por isso enquanto o fogo nos queimar é sinal de que ainda não nos tornamos fogo.

O que é descrito nesta etapa é o momento em que a acha de lenha do *Ego* se transforma na chama do Ser. É a experiência da sarça ardente da Bíblia, quando é relatado que o fogo queima na sarça mas não a consome. A divindade queima em nossa humanidade, não destrói a nossa humanidade mas a ilumina por dentro. O *Self* não destrói o eu, mas o ilumina e o transforma por dentro.

Sétima etapa: O retorno à vida quotidiana

Poderíamos crer que a sexta etapa da transformação e da união fosse a última. Entretanto muitas tradições referem ainda uma outra etapa – o retorno à praça do mercado..., o *retorno à vida quotidiana*. É a integração na nossa vida diária desta chama, deste sopro, desta presença na qual nos tornamos. Na praça do mercado tem muito trabalho, vocês sabem. A praça do mercado é nossa cidade, nossa casa, nosso país e é também o universo. Trabalho é o que não falta...

O homem desperto não é o homem extraordinário, fantástico, que tem um grande poder. Lembro-lhes, a esse respeito, uma estória do Buda, quando um de seus discípulos lhe diz: "Pratiquei muito o domínio da matéria e agora posso andar sobre as águas. Estou muito feliz! Espiritualmente, a que nível cheguei? Que vale esta realização? Qual o valor deste poder?" O Buda lhe responde: "Vá perguntar o preço da passagem ao barqueiro, na margem do rio". Fazendo o que o Buda lhe pede, ele viu que não era muito caro, que não valia muito.

Portanto, estar desperto, entrar em um caminho de transformação não é estar à procura do fantástico ou do extraordinário mas é aprender a fazer de maneira grande as coisas pequenas. Como dizia Madre Teresa de Calcutá: "O que eu faço não é senão uma gota d'água no oceano de sofrimento que existe no mundo, mas é com a multidão de gotas d'água que vamos poder transformar o oceano".

Também nesta etapa é necessário o acompanhamento de um terapeuta. Por vezes ocorrem crises mas também períodos de ilusão. O papel do terapeuta ou do acompanhante espiritual é sempre de nos recolocar em marcha. E nessa marcha passarmos de uma imagem de nós mesmos, à qual podemos nos apegar, a uma outra imagem de nós mesmos, mais profunda, mais real. Isto supõe que sejamos capazes de abrir mão do antigo. E por isso, às vezes, necessitamos de um acompanhamento.

Conclusão

Em conclusão, queria lhes dizer que não é preciso opor o conhecimento de si mesmo que a psicologia propõe e o conhecimento de si mesmo que a espiritualidade propõe. Porque, uma psicologia que não se abre a um itinerário espiritual arrisca-se a nos enclausurar e mesmo a nos desesperar. Penso no que nos dizia

Jacques Lacan: "O sinal de que uma análise teve êxito é que a pessoa analisada vai se suicidar". Evidentemente não estou de acordo com esta visão. Diria, ainda mais, que ao final da análise, ao final de um itinerário espiritual não sobra muito da imagem que se tinha de si mesmo no início do processo. É como se houvesse uma morte de si mesmo. Mas esta morte não é o fim. O que alguns chamam de *morte da lagarta*, outros chamam de *nascimento da borboleta*. O objetivo não é a morte mas a ressurreição.

Uma psicologia fechada em si mesma, dependente de uma antropologia limitada, não aberta à transcendência, não aberta ao desconhecido que habita a profundeza do ser humano e a profundeza do ser cósmico, pode algumas vezes conduzir a impasses. Mas os itinerários espirituais sem discernimento psicológico, sem um trabalho de transformação pessoal, têm o risco de conduzir à megalomania. Nós nos tomamos por Deus, investidos de toda espécie de missões. Como uma rã que quer se tornar tão grande quanto o boi, o eu quer se tornar tão grande quanto o *Self*. Conhecemos algumas destas pessoas que são como que possuídas por um arquétipo interior, o arquétipo da Grande Mãe ou o arquétipo do Velho Sábio e se identificam com essa imagem interior. Nesta identificação há inflação, há doença. Esta doença algumas vezes é contagiosa, porque o narcisismo é contagioso. Ver alguém com uma tão elevada ideia de si mesmo pode ter algo de sedutor, mas a sedução o conduz, também, à desilusão.

Assim, o que impressiona em um ser humano que entrou neste caminho de transformação é, ao mesmo tempo, *sua grandeza e sua humildade*. Ele sabe que é pó e que ao pó retornará. Mas ele sabe que é luz e que à luz retornará. Não se pode esquecer nenhum destes aspectos. E o que é o ser humano, senão esta poeira que caminha para a luz e que dança nela? É a este caminhar, a esta marcha que nós somos convidados por Fílon de Alexandria e Graf Dürckheim. Há também um grande andarilho, um grande caminhante que se chama Francisco de Assis e o seu próprio caminho pode iluminar o nosso. Por isso, eu passo a palavra a Leonardo Boff. E a vocês todos desejo uma boa viagem, um belo itinerário, com cumes e vales a atravessar. Porque o importante mesmo é caminhar!

1.2 As etapas do itinerário espiritual de São Francisco de Assis

Leonardo Boff

> "Salve, rainha Sabedoria, o Senhor te guarde, com tua irmã, a santa e pura Simplicidade.
> Senhora santa Pobreza, o Senhor te guarde, com tua irmã, a santa Humildade.
> Senhora santa Caridade, o Senhor te guarde, com tua irmã, a santa Obediência.
> Vós todas, santíssimas Virtudes, guarde-vos o Senhor, de quem todas vós procedeis e vindes..."
>
> *Francisco de Assis*

A exposição de Jean-Yves causou-me um profundo impacto e também surpresa, porque, na verdade, preciso criar algo no sentido de sua exposição. Desejaria que estivesse aqui um grande especialista de São Francisco, porque eu sou apenas um teólogo menor, itinerante e pecador. Assim mesmo, vamos refletir sobre São Francisco que para mim é uma figura seminal, quer dizer, é uma semente, está na raiz. Esta reflexão pode nos ajudar a entender a caminhada espiritual que ele fez e deixou como uma espécie de provocação para o próximo milênio. Penso que ele vai nos ajudar a fazer a travessia para o próximo milênio. É um dos mestres espirituais que vai nos encaminhar para o novo.

Jean-Yves Leloup colocou as etapas, mais ou menos arquetípicas, comuns a todos os mestres. São fundamentalmente as etapas que nós mesmos percorremos em nosso caminho espiritual.

São Francisco e seu tempo

Como São Francisco é um ser histórico, o seu itinerário deve ser situado no tempo. Ele deve ser entendido como fazendo parte de um movimento espiritual, místico, que vai além da sua consciência e que toma toda sua época, extravasando as margens do próprio cristianismo.

Por exemplo, são quase contemporâneos de São Francisco dois grandes místicos árabes, muçulmanos, sufis, que têm intuições muito parecidas com as dele e que nunca souberam um do outro: Ibn Arabi (1155-1240) e Rumi (1207-1272). São dois grandes místicos da comoção, do coração, do amor e é possível que não tenhamos ninguém como eles na tradição cristã, exceto, talvez, São Paulo. Arabi e Rumi falaram de uma forma sutil e extraordinária do amor e são importantes, porque impregnaram a atmosfera ecológica e espiritual da Europa e da Espanha, de onde mais tarde surgiram São João da Cruz, Santa Teresa D'Ávila, os quais herdaram deles esta mística.

Então, temos um primeiro dado importante a considerar. Há um *Logos* no mundo, há uma força do Espírito que vai além das consciências, das decisões, que invade o mundo, suscita expressões aqui, ali, e caminhos espirituais fantásticos. O segundo elemento importante é que não devemos isolar São Francisco da história do seu tempo, como quase o fazemos em suas biografias.

No conhecimento comum que temos de São Francisco esquecemos que ele é o representante de um movimento que até hoje não teve similar na história do cristianismo. É o movimento laico de pobres, o assim chamado movimento pauperista dos séculos

XII e XIII, dos Valdenses ou pobres de Lião, dos Albigenses, dos pobres de Bolonha, movimento que tomou todo o sul da França, sul da Alemanha e toda a Itália. Leigos que traduziram o Evangelho nas línguas faladas pelo povo daquele tempo e começaram a pregá-lo, andando de dois em dois e utilizando uma linguagem popular. Eram leigos, não eram padres, não pediam licença a nenhum pároco, bispo ou papa, mas tinham a força do Evangelho e o anunciavam puro, nada mais que o Evangelho. Seguiam ao *Cristo pobre* e tinham uma vida apostólica itinerante. São Francisco se inscreve entre estas figuras, dentre as quais ressaltamos a grande figura de Valdo, fundador dos Valdenses, que era um rico comerciante de Lião, convertido à pobreza mais absoluta e que propiciou em torno dele a criação dos "pobres de Cristo" e dos "pobres de Lião". Francisco se inscreve neste itinerário.

Simultaneamente, na sociedade civil do sul da França e também da Itália, surge um grande movimento em prol da subjetividade humana, do amor, do encantamento pelo feminino. Em uma linguagem refinada, as cantigas de amor, ou *cantilenae amatoriae*, cantam platonicamente a mulher amada. São Francisco foi um grande venerador destas canções e, para surpresa nossa e escândalo de alguns franciscanos, morreu cantando cantigas de amor. Diz São Boaventura: "Cantando cantigas de amor, ele morreu!" Um de seus frades, convertido no final da vida, deixou-nos essas cantigas, que uma editora francesa compilou e publicou. São canções de um grande erotismo, que nada perdem para o erotismo moderno – cantam a beleza da mulher, seus seios, seus lábios, seus olhos e seu perfume. Francisco é um homem desta tradição.

Quando Francisco nasceu, em Assis, no ano de 1182, foi batizado com o nome de Giovanni, que corresponde a João, em português. Seu pai, um rico negociante, que estava na França quando ele nasceu, rebatizou-o com o nome de Francesco, isto é, francês, em homenagem à França que ele amava.

Estas três vertentes são importantes para entender a subjetividade de Francisco, a atmosfera ecológica e cultural que ele respirava e de onde derivam seu carisma e sua singularidade. Porque a mística não é só um evento, ela é subjetiva em uma pessoa. É a produção do espírito de toda uma geração. É uma herança que nos chega na força desta singularidade, mas, ao mesmo tempo, vem de movimentos subterrâneos que persistem na história e que nós interpretamos como a força do Espírito criador, que aquece os corações, invade as almas e cria seus representantes.

O numinoso chega como um pobre

Então, para seguir um pouco as etapas que o Jean-Yves traçou, qual foi a experiência numinosa de São Francisco? Qual foi a experiência de pele que transformou sua vida? Foi a experiência do pobre, a centralidade do pobre.

Francisco era um jovem filho da burguesia de Assis. Seu pai, rico comerciante de roupas, viajava ao sul da França e a Veneza, comprando e vendendo roupas; importava sedas da China e era um legítimo representante da burguesia nascente. Francisco pertencia à *jeunesse dorée* de Assis, juventude tipo *hippie* da época, alegre e despreocupada, fazendo festas e cantando aquelas canções francesas nas janelas das meninas. Ele vivia neste ambiente.

Entretanto, mesmo antes de sua conversão, caracterizava-se por uma compaixão e um amor surpreendente pelos pobres. Aproveitava as ausências do seu avarento pai, como tantos *hippies* fazem, para levar os pobres à sua casa e banqueteá-los. Tive um irmão *hippie* que agia dessa maneira, para desespero de minha mãe e de minha família de onze irmãos.

Vamos explorar bastante estas duas categorias básicas de São Francisco, a compaixão e a ternura. Os textos de São Francisco estão cheios destas duas palavras. E vale lembrar que ele escreveu pouquíssima coisa – orações, algumas cartas, a Regra –, pois era semianalfabeto, tinha só um ano e meio de estudo e escrevia um péssimo latim. Mas, por outro lado, as biografias da época sobre São Francisco contam mais de 1.300 páginas. São duas biografias de São Boaventura, duas de um discípulo chamado Tomás de Celano, a legenda perusina, a legenda dos três companheiros, o *Sacrum Commercium*.

Quando se deu a ruptura? É Francisco que nos conta, de um modo fantástico! De repente ele começa a ficar triste, retira-se, e seus amigos lhe dizem: "Mas como? Você sempre era o líder das nossas festas, das nossas cantorias noturnas, por que você se retira?" E ele responde: "Encontrei uma dama maravilhosa, lindíssima, brilhante! Estou enamorado, apaixonado por ela e tenho dor de amor..." Eles voltam a perguntar: "Qual foi a menina que você encontrou?" E Francisco lhes diz: "Encontrei a Dama Pobreza, a Senhora Pobreza. Fiquei tão fascinado que vou abandonar tudo para fazer o esponsório com a Dama Pobreza".

O livro que narra esta parte da vida de Francisco chama-se *Sacrum Commercium*. O termo comércio significa o intercâmbio amoroso entre a Dama Pobreza e Francisco. É um hino de amor entre os dois, onde a Pobreza aparece como uma dama cheia de beleza e encanto. O livro inicia com a pergunta da dama que quer saber de onde ele vem: "Francisco, onde você mora?" E ele, com um gesto largo como que abarcando todo o universo, diz: "Esta é a minha casa." O mundo, o universo é a sua casa. É apaixonando-se pela pobreza que ele larga tudo.

A metanoia – O Cristo no pobre e no leproso

Qual é a segunda etapa, sua ruptura, sua metanoia? Ele se retira. Renuncia a toda riqueza, abandona a casa, aproveita as ausências do pai para pegar as melhores roupas e distribuí-las entre os pobres. Furioso, o pai pega-o pelas orelhas e leva-o diante do bispo, que era simultaneamente juiz, e diz-lhe: "Meu filho está impossível, está levando minha loja à falência, distribuindo roupas aos pobres". Irritado, Francisco se despe, fica nu e diz: "Meu pai, tome tudo o que é meu, inclusive minhas roupas". Condoído, o bispo tira seu manto e com ele encobre as vergonhas de Francisco.

É a ruptura. Francisco sai de Assis e dirige-se às cavernas do Monte Subásio, nos arredores da cidade. Entra em uma espécie de ordem, a Ordem dos Penitentes, uma entre as muitas existentes na época. Veste a roupa dos penitentes que é constituída por um manto rústico, porta um cajado e vive nas cavernas entre orações e penitências. Os amigos vêm visitá-lo, querem dissuadi-lo, mas ele está buscando, não sabe ainda o que fazer...

E a ruptura maior deu-se quando Francisco encontrou o leproso e o abraçou. Olhando o leproso em seus braços, vê Jesus Cristo em seu lugar.

Atualmente os leprosos ou hansenianos são doentes como os outros. Naquela época, porém, o leproso era considerado como alguém a quem o pecado se revelou externamente, na pele. Nos arredores de Assis haviam três leprosários. Quando alguém se tornava leproso, a família se reunia em uma Missa de Réquiem, na qual o padre celebrava sua morte para a sociedade. Depois ele era levado a um desses leprosários e lançado vivo em um verdadeiro inferno. A partir daí, uma campainha em seu pescoço anunciava onde ele estava, a fim de que todos se afastassem dele. A lepra era símbolo do pecado, do pecado original e da rejeição, e os leprosos eram considerados pecadores públicos.

Quando São Francisco abraça o leproso, descobre que naquele leproso estava Jesus Cristo. É neste contexto que ele o abraça. O Testamento que ele escreve antes de morrer diz: "Como eu estivesse em pecado, parecia-me deveras insuportável olhar para os leprosos. O Senhor mesmo me conduziu no meio deles e eu tive compaixão e misericórdia. O que antes me parecia amargo converteu-se em doçura da alma e do corpo. Depois disto demorei só bem pouco e abandonei este tipo de mundo". Analisando este trecho vemos que a sua ida aos leprosos não foi a mando do bispo, a pedido da Igreja ou convencido pelos padres. Foi o Senhor mesmo que o conduziu.

Depois ele refere que abandonou o mundo. Não o mundo como o vemos agora, mas esta estrutura social medieval, este tipo de sociedade organizada do seu tempo. A esta, ele abandona e funda um outro tipo de sociedade. Vai morar no meio dos leprosos, come da mesma escudela que eles, limpa-os e cuida deles com compaixão e carinho, beijando-os na boca inclusive, para escândalo de nossa cultura erótica heterossexual. Agarrado ao braço de um leproso, começa a anunciar o Evangelho pelos burgos e becos, para escândalo de todos. Mostra, assim, intimidade com os leprosos.

Qual é a novidade de São Francisco? Ele não fez nenhuma obra, não fundou nenhum *Lazareto* ou ordem religiosa em favor dos leprosos como tantos fizeram no decorrer da história. Ele fez-se um pobre, assumiu o mundo dos leprosos, compartilhou com eles sua vida, fez-se um leproso. Bem diferente daqueles que criam uma obra para servir aos leprosos e não entram nela, ficam de fora. Ele tornou-se um deles, com eles se identificou. E toda a mística de São Francisco será uma mística de identificação com o outro que é uma lógica de amor, *la logique du coeur*, a lógica do coração, como dizia Pascal. Por isso, nos textos escritos por São Francisco a palavra *coração* é citada 45 vezes, a palavra *fazer* 75 vezes, *inteligência* 1 vez e *compreender* 2 vezes. Ressalta, portanto, o sentir e conviver com o outro, o coração, a prática. Abraçando primeiro o leproso e os pobres.

As consolações, no Cristo e no Evangelho

O terceiro passo ou a experiência gratificante. Ele vai rezar perto de Assis, na igrejinha de São Damião, diante de um crucifixo ortodoxo. O Cristo lhe fala: "Francisco, reconstrói a minha casa, porque ela está em ruínas". É uma mensagem espiritual, mas Francisco a entende ao pé da letra e começa a reconstruir as igrejinhas em ruínas da região. E constrói com suas próprias mãos a Capelinha da Porciúncula, de não mais de três metros de comprimento por dois metros de largura. Se um dia vocês forem a Assis, visitem-na. Fizeram uma basílica imensa, chamada Santa Maria dos Anjos, por cima da capelinha. A basílica é uma obra faraônica, um escândalo em sua riqueza, mas a capelinha dentro dela dá vontade de chorar, se pensamos que foi feita com suas mãos e que naquelas paredes ele deixou suas marcas. E é assim que, se vocês vão a Roma perdem a fé, e se vão a Assis recuperam a fé...

Ele construiu e reconstruiu várias igrejas, até que se deu conta de que o pedido do Cristo se referia não à construção de igrejas, mas à reconstrução espiritual da sua Igreja.

São Francisco, até o final de sua vida, recusava-se a fundar uma ordem. Ele tinha uma pretensão fantástica que nunca se perdeu na Ordem Franciscana: refazer a Igreja a partir do Evangelho. A segunda geração de São Francisco, um grupo de seguidores chamados *Fraticcelli*, achava que São Francisco e discípulos eram melhores que a própria Igreja. Diziam que era tempo de superar a Igreja do Cristo encarnado e inaugurar a Igreja do Espírito, limpa, pura, melhor do que esta que conhecemos. Foram perseguidos e condenados pela Igreja.

Ele desejava criar, na força do Evangelho, um *Novus Populus*, um povo novo. Por isso sua Regra começa assim: "A Regra e a vida dos Frades Menores é esta: observar o santo Evangelho de Nosso Senhor Jesus Cristo". A vida e a Regra são o Evangelho, nada mais que isso. Entretanto, para aceitá-los como uma Ordem, Roma impôs os votos de pobreza, castidade e obediência. E o papa escandalizado dizia: "Ninguém pode viver isso!" Negociaram e Francisco teve que acrescentar os três votos: "A Regra e a vida dos Frades Menores é esta: observar o Santo Evangelho de Nosso Senhor Jesus Cristo, vivendo em obediência, sem propriedade e em castidade". Mas originalmente era somente o Evangelho, na sua pureza e sem comentários.

Nós fazemos comentários, continuamente, sobre o Evangelho. Chamamos os exegetas, para quê? Para emascular o Evangelho, para tirar a sua força, interpretando-o de maneira a que ele se adapte à nossa mediocridade. São Francisco tomava o Evangelho ao pé da letra e o vivia da maneira como estava escrito. Creio que, na história do cristianismo, nunca alguém tomou o Evangelho tão a sério e sempre com leveza.

Francisco colocava como arquétipo central, como centralidade, a santa humanidade de Jesus. Queria copiar Jesus em seu tamanho, queria imitá-lo em tudo. E tanto fez por imitar Jesus que no final de sua vida foi contemplado com os estigmas da paixão. Foi o primeiro fenômeno de estigmatização da história do cristianismo. Por mais que consultemos médicos, analistas, psicanalistas e coloquemos em dúvida os testemunhos da época, estão lá ainda os panos marcados com o seu sangue. Teve as chagas de Jesus em suas mãos, em seus pés e em seu peito, as quais lhe trouxeram terríveis dores nos dois últimos anos de sua vida. Sofreu este processo de identificação com o Cristo.

Então, primeiro Francisco abraçou o pobre. A maioria das biografias discorda, diz que primeiro ele descobriu Jesus pobre e por causa de Jesus optou pelos pobres. Não foi assim o caminho de Francisco. O seu itinerário espiritual começou com a comoção diante da pobreza, com a identificação, com o compartilhar e somente a partir daí ele descobriu o Cristo pobre. E o Cristo pobre não era o Cristo do seu tempo. No seu tempo o Cristo era coroado, era o Pantocrator. O Cristo que lhe pediu para reconstruir sua Igreja era o Cristo bizantino da riqueza, o Senhor do cosmos. Mas o Cristo que Francisco descobre, a sua grande paixão, é o Cristo crucificado, o Cristo dos pobres. Assim, ele chama os pobres das ruas de "os meus Cristos", identificando o Cristo neles.

Um dos textos mais originais escritos sobre São Francisco é o de seu caminho junto aos pobres, vivendo nas periferias. Logo apareceram discípulos e companheiros que se entusiasmaram com ele e, em seguida, aquela que foi a sua companheira por excelência, Clara de Assis. Este seria um capítulo fantástico para falarmos aqui, porque existe toda uma relação de enamoramento, de Eros e Ágape, com uma transparência nunca vista antes. Clara abandona tudo e à noite, pelas 10 horas, foge de casa e encontra-se com Francisco. Os companheiros a recebem com faixas e tochas, cortam seus cabelos – que estão até hoje guardados lá em Assis – e ela se incorpora ao movimento. É um movimento que já nasce masculino e feminino, integrando estes dois princípios na relação de Clara e Francisco.

A dúvida ou o caminho da loucura

Francisco reúne os frades e lhes pergunta qual o caminho a seguir. Eles insistem em que Francisco siga as regras já existentes de Santo Agostinho, São Bento, São Basílio. Trazem inclusive um cardeal, para convencê-lo. Ele se levanta e diz: "Meus irmãos, meus irmãos. Não me falem de Santo Agostinho, não me falem de São Bento, não me falem de nenhum santo fundador de regra alguma, porque Deus me chamou para seguir o caminho da simplicidade e *porque Deus quis que houvesse um novo louco nesse mundo*". Esta frase grifada é muito importante. Ele usa a palavra *pazzo*, louco, que existe ainda hoje na língua italiana. "Deus quis que houvesse um novo louco neste mundo e este louco sou eu que segui o caminho da simplicidade, *la via della simplicitá*."

Nada de regras. Imaginem o superego enorme que pesa em cima de santos como Santo Agostinho, São Bento, São Pacômio, grandes santos com regras e ordens estabelecidas. São Francisco sempre fala assim, de si mesmo: "Eu pequenino, mísero e fétido, mesquinho e miserável..." E tem tal vigor interior que se coloca contra o Cardeal, contra os companheiros: "Não me falem de Regra alguma. Eu não quero Regra, só quero o Evangelho". É o caminho da loucura. Mas para chegar a isso ele fez a travessia dos quatro caminhos da época:

• o caminho da riqueza de berço, um pai rico e pertencente à burguesia;

• o caminho da nobreza feudal. Alistou-se como cavaleiro para ir à Apúlia à procura de honra e glória;

• tentou o caminho monacal e entrou na abadia dos beneditinos. Não passou lá mais que três dias e saiu dizendo que aquele não era o seu caminho;

• finalmente, descobriu o caminho da loucura. Loucura não para o Evangelho ou para aquela ordem, mas para o tipo de Igreja que ele idealizara.

Na época de Francisco, pontificava Inocêncio III, que foi o papa mais rico da história do cristianismo. Ele uniu o papado aos impérios e todos os reinos e impérios lhes eram submetidos: Rússia, Irlanda, Suécia, Dinamarca, etc. A Igreja chegou ao auge do poder. Criou o Banco do Espírito Santo que existe até hoje para receber os impostos e fazer as equipolências dos vários papéis.

O cardeal belga Jacques de Vitry conta uma estória curiosa. O Papa Inocêncio III tinha sua cátedra em Roma e em Peruggia e foi nesta última cidade que ele morreu. À espera da vinda de todos os príncipes da Europa para o seu sepultamento, o corpo do papa foi embalsamado e vestido com seus trajes mais ricos, suas joias mais preciosas e todos os símbolos do poder. De madrugada, estando a igreja semifechada, entraram ladrões que roubaram tudo, despojaram o cadáver deixando-o nu. São Francisco, que se achava pobre, miserável e indigno de assistir às exéquias do papa, estava escondido dentro de um dos confessionários e viu tudo o que se passara. Vendo que o papa ficara nu, tirou o seu habitozinho pobre e miserável e com ele escondeu as vergonhas do cadáver do papa. E o cardeal de Vitry diz: "Onde está a glória deste mundo? A pobreza de São Francisco salvou as honras do papa".

O cardeal de Vitry conta também que os frades eram barbudos, feios, fedorentos, mal vestidos e assustavam todo mundo. Mas era só deixá-los falar. Tinham tanta candura, tanta gentileza, tanto *esprit de finesse*, espírito de refinamento, que conquistavam a todos, apesar desses sinais de contradição.

Então Francisco, descobrindo o Evangelho, resolve a dúvida em sua experiência do deserto.

Francisco foi a Roma ver o Papa Inocêncio III e pedir-lhe a aprovação do seu caminho. Copiou algumas frases do Evangelho e levou-as ao papa. Este e os cardeais reunidos não aceitaram a solicitação de Francisco. Para eles era impossível viver o Sermão da Montanha com todas as suas bem-aventuranças. Francisco diz ao papa: "Então diga aos cristãos que o Evangelho não vale, que o Evangelho é impossível de ser vivido". Um dos cardeais dirige-se ao papa, dizendo: "Isso seria um escândalo para nós. Aprove a Regra destes pobres coitados". E o papa aprovou a Regra que continha sete ou oito frases da Bíblia, o Sermão da Montanha e mais uma frase retirada da Bíblia, ao acaso: – "Quando forem pelos caminhos, larguem tudo, não carreguem nada. E anunciem a Paz e o Evangelho a todos os homens". Sobre esta frase do Evangelho, escolhida ao acaso, eles seguiam o exemplo dos valdenses e albigenses que na época já tinham sido condenados como heréticos.

Em caso de dúvida eles se concentravam, invocavam o Espírito Santo e abriam a Bíblia ao acaso, lendo e reconhecendo que ali estava o seu caminho. Em Assis havia, inclusive, uma capelinha dos valdenses.

Então ele segue aquele caminho de sair por aí anunciando o Evangelho. Contam seus biógrafos que ele se converteu com 23 anos aproximadamente e que morreu com 44 anos. Na época em que ele morreu tinha cerca de 20.000 seguidores. Estavam em toda a Itália, Alemanha, França, Espanha, Marrocos, Hungria, Inglaterra em um movimento que tomou conta da Europa. Militando junto com São Domingos e, também, com o seu lado feminino, com Santa Clara. Finalmente com os leigos, os nobres, a gente do povo que queria aderir ao movimento e por isso foi criada a Ordem Terceira, para essas pessoas que ficam no mundo mas que se orientam pelo Evangelho.

O vazio de uma realidade não desejada

A quinta etapa é a do vazio. São Francisco lutou muito com isso. Retirava-se para as cavernas, chorava tanto que adoeceu dos olhos e este foi um dos motivos de sua cegueira. E sempre repetia esta frase: "O amor não é amado. Jesus Cristo e Deus não são amados".

Curiosamente, as biografias que exaltam São Francisco procuram esconder o que foi chamado de *a sua grande tentação*. Ao final de sua vida, dois anos antes de morrer, ele entra em uma crise terrível. Via o enorme crescimento da ordem, necessitavam ser construídos conventos para o abrigo dos frades e para a educação dos jovens que os procuravam. Ele não queria criar conventos nem choupanas para o abrigo dos frades. O que ele queria era seguir pelas ruas e pelos caminhos, pregando o Evangelho. Contra a sua vontade, teve que aceitar a lógica da realidade. Se há uma multidão, o que fazer com ela? Onde irão dormir? O que irão comer?

Quem iniciará na espiritualidade os mais jovens? Havia necessidade de escolher os mais velhos, os mais sábios e organizá-los. Ele relutou muito. Entrou em uma crise tal que enfurnou-se em uma floresta e durante um ano não saiu de lá. E somente por duas vezes permitiu que o seu confidente Frei Leão, a sua "ovelhinha de Deus", fosse conversar com ele. Não queria ver ninguém, à exceção dos leprosos com quem ia se encontrar à noite.

Em uma crise total, renunciou a ser o geral da Ordem, o coordenador da Ordem e nem da própria Ordem queria saber. Não queria conversar com ninguém e muito menos dirigir alguém. Tudo aquilo que estava surgindo ele não queria. E nós, os frades, vivemos até hoje daquilo que São Francisco não queria: conventos, bens, dinheiro, carros, viagens de avião. Ele queria todos a pé, como ele; nem a cavalo permitia que andassem, porque este era um transporte para os nobres. E quanto ao dinheiro? Só os pobres têm dinheiro atualmente. Os ricos, bem como os frades, têm plástico – cartões de crédito em plástico. Então vivemos daquilo que ele não quis. Mas é a nossa Ordem, é a Ordem Franciscana já estabelecida. Francisco, ao contrário, é movimento, é carisma, é erupção do Espírito Santo.

A transformação no Cristo, através do Evangelho

E São Francisco só sai dessa crise quando abre novamente o Evangelho e lê: "O Reino de Deus está dentro de vocês. Alegrem-se! Felizes de vocês, os pobres". E ele compreende que é para ficar feliz, porque todos nós somos filhos do Reino, porque nós somos filhos de Deus! Volta para sua comunidade cantando, dançando e tocando em dois pedaços de pau como se fossem o violino e seu arco. Ele era o homem da alegria, amava cantar e dançar. São Francisco supera a crise com uma condição: voltar às origens, voltar aos leprosos.

E durante muitos anos os leprosários foram o ponto de encontro, as casas de referência dos frades e freiras da Ordem Franciscana. Os encontros eram marcados nos leprosários de Munique, de Lião, de Bolonha. E este era o escândalo daquela época, a identificação com os leprosos. Semelhante a nós se disséssemos que iríamos nos encontrar no Pinel do Rio, num manicômio em outra cidade, lá onde estão os nossos irmãos *pazzos*, loucos, porque, hoje, esse é o nosso escândalo.

Todos os anos eles se encontravam com três finalidades. Primeiro, para alegrarem-se como irmãos e irmãs, encontrarem-se vindos de todas as partes do mundo. Segundo, para comerem e festejarem juntos, pois desde aquele tempo até hoje *fradejar* quer dizer comer bem e fazer festa. Como está posto no dicionário do Aurélio: comer como um frade. Então eles eram extremamente pobres, mas em sua pobreza comiam e festejavam o encontro, como irmãos e irmãs. Terceiro, para decidirem as coisas em conjunto, democraticamente.

E eu creio que a grande transfiguração de São Francisco deu-se em etapas. O primeiro passo foi no Monte Alverne, onde ele gostava de se retirar uma vez ao ano, por ocasião da festa do Arcanjo São Gabriel do qual era grande devoto. Lá ele ficava por 40 dias, ia para as cavernas, procurava lugares bonitos, carregados de energia, de mana, de axé, de beleza. E se um dia vocês forem visitar a Itália franciscana vão ao Monte Alverne. É uma floresta perto de Arezzo, nos Apeninos, até hoje agreste, cheia de montanhas e de cavernas profundas. Como era aí que São Francisco fazia seus retiros, o rico senhor Orlando Cattani doou-a a ele dizendo: "Esta montanha toda é tua, para em teus retiros louvares a Deus e a natureza". Daquele tempo até hoje os frades cuidam do lugar, têm lá um convento fantástico e todos os dias, à meia-noite, eles se levantam e cantam um cântico gregoriano franciscano muito bonito, celebrando a transfiguração. E com tochas, mesmo no inverno e no frio, andam 500 a 600m até aquela caverna onde se deu a estigmatização.

Depois de 40 dias de meditação sobre a Encarnação de Cristo e sua Paixão, aparece-lhe o Arcanjo Gabriel, com suas seis asas e de cada asa saem fachos de luz. Ele percebe que não é mais o anjo que está lá e sim o próprio Cristo crucificado. São Francisco reza: "Eu quero sofrer tanto quanto o Cristo sofreu na cruz. Quero entrar no inferno profundo de sua solidão. Quero que o que ele passou, eu também passe". E suplica a Deus que ele sinta o que Jesus passou, o seu imenso desespero diante de Deus, o seu infinito abandono. Entra em um processo de sofrimento e de torpor e quando acorda vê em seu corpo as chagas de Jesus, os estigmas nos pés, nas mãos, no lado. Enche-se de alegria, de identificação, em um quase orgasmo espiritual, sentindo-se um com o próprio Cristo.

Como diz São João da Cruz em seu cântico espiritual: "A amada no amado transformada." Essa mesma frase é usada também para Francisco, para descrever a última etapa, na subida do Monte Alverne, após o noivado, após o casamento esponsório, quando ele se transforma em Deus. Mas dizer isto escandaliza os cristãos, a dogmática condena, por isso dizemos: nós viramos Deus, nós nos transformamos em Deus, por participação. Porque o místico não quer pouca coisa, ele quer virar água, tornar-se cosmos, tornar-se livro, virar mundo, transformar-se em Deus. Do Eu consciente passar ao Eu profundo, do Eu profundo ao mistério radical que é Deus e finalmente transformar-se em Deus, ser Deus. Jean-Yves, em um dos seus encontros anteriores conosco, dizia: "Passar do Deus que temos para o Deus que somos". Ser místico é isso. São Francisco e São João da Cruz são assim também, místicos da identificação com Deus, com o Ser.

Então São Francisco se identifica com o seu arquétipo que é a humanidade radical de Jesus e com sua humanidade crucificada. Faz a experiência da cruz que é uma de suas últimas iniciações. E depois fará a experiência da ressurreição. Nesta experiência é todo o mistério pascal que se refaz.

Um pouco antes de São Francisco morrer, Santa Clara construiu para ele uma choupana, ao lado de sua casinha, para que ele ficasse mais perto e ela pudesse cuidá-lo, pois estava cego e sofria dores terríveis, os ossos frágeis e carcomidos. Dizem as fontes que durante a noite ele não conseguia dormir, tanto pelas dores, quanto pela quantidade de ratos e baratas no local.

O sofrimento torna-se tão insuportável que ele reza a Deus: "Não me tire o sofrimento, mas me dê forças para que eu consiga suportá-lo!" E, assim orando, entrou em agonia. Nessa agonia ele teve um sonho no qual uma visão lhe diz com uma voz celestial: "Francisco, se eu transformasse todas as águas em bálsamo, todas as pedras em ouro e prata, você se alegraria?" Ele responde: "Sim, meu Senhor, eu me alegraria porque vem de Você!" Então ele torna a ouvir a voz: "E se eu te dissesse que a partir de agora você está no Reino de Deus?" Quando Francisco escuta isso, abre os olhos e diz: "Estou no Reino de Deus". Manda chamar um frade que era músico e diz-lhe para musicar o poema que ele vai lhe ditar. E canta[4]:

> "Altíssimo, Onipotente e Bom Senhor,
> A ti o louvor, a glória, a honra e toda a bênção!
> Só a ti, Altíssimo, são devidos,
> E homem algum é digno de pronunciar teu nome.
>
> Louvado sejas, Senhor, por todas as criaturas,
> Especialmente o senhor irmão Sol,
> Que é belo, radioso, e seu grande esplendor
> De ti, Altíssimo, é para nós a imagem.
>
> Louvado sejas, Senhor, pela irmã Lua e as Estrelas
> Que no céu criaste, tão claras, preciosas e belas!
> Louvado sejas, Senhor, por nosso irmão Vento,
> Pelo ar, pelas nuvens, pelo azul calmo e todo tempo,
> Pelas quais a todas as criaturas dás sustento.

---

4. Também conhecido como *Cântico das criaturas*.

Louvado sejas, Senhor, pela nossa irmã Água,
Que é muito útil e humilde, preciosa e casta!
Louvado sejas, Senhor, pelo irmão Fogo,
Pelo qual iluminas a noite;
ele é belo e alegre, vigoroso e forte.
Louvado sejas, Senhor, por nossa mãe Terra,
Que nos nutre e nos sustenta;
Que produz frutos diversos, coloridas flores e árvores.
Louvado sejas, Senhor, por nossa irmã, a Morte corporal,
Da qual homem algum pode escapar!
Ai daqueles, somente, que morrem em pecado mortal!
Felizes os que cumprem a tua santa vontade,
Porque a segunda morte nada poderá contra eles.
Louvai e bendizei ao Senhor, e dai-lhe graças,
E servi-o com toda a humildade!

Nasce o cântico do Irmão Sol com suas sete famosas estrofes. Era cego, já não via o sol, sentia terríveis dores, solidão do espírito e abandono do corpo mas o sol nascera dentro dele!

Talvez em outra oportunidade possamos analisar com mais detalhes, usando as categorias dos arquétipos de Jung, a epistemologia de Paul Ricoeur[5], dos símbolos, para vermos como, nesse hino do Irmão Sol, quem fala não é a consciência de São Francisco. Quem fala é o arquétipo, como dizem todos os místicos, quem fala é a totalidade subjetiva de quem mergulhou na profundidade, encontrou o seu centro, o seu sol interior. A partir daí, vê todos os arquétipos em sua totalidade: o arquétipo do Altíssimo acima dele, o arquétipo do Senhor Irmão Sol, o arquétipo da Mãe e Irmã Terra. O casamento do céu e da terra faz

---

5. Paul Ricoeur, filósofo francês, marcado pela fenomenologia, definiu o "bom uso" de Nietzsche e Freud na perspectiva moral de um humanismo cristão.

surgir todos os pares masculino e feminino: o sol e a lua, o fogo e a água, a chuva e o vento.

Reconcilia-se com a Morte, chamando-a de irmã. E, no fim, convoca todos a cantarem com toda humildade. Como que aderindo ao húmus, ao chão. Não canta através das criaturas, canta com as criaturas. Não usa as criaturas como uma escada para chegar a Deus. As criaturas já cantam e ele se une à cantilena delas. Por isso, a sua cantoria é muito clara: "Cantemos com todas as criaturas..." É o momento da sua transfiguração, a sua experiência de ressurreição, o mergulho no arquétipo, o mergulho no mistério insondável. É quando ele se transfigura.

Logo em seguida, vem a hora de sua morte, uma morte profundamente arquetípica, como encontrada em todas as culturas. Ele diz: "Tirem-me toda a roupa e coloquem-me nu sobre a terra, porque nu quero encontrar-me com o Nu, que é o Cristo crucificado". Então tiram-lhe a roupa e colocam-no nu sobre o chão. Ele começa a cantar e pede que os presentes cantem com ele.

Tem ainda um encontro marcado com uma mulher que sempre o acompanhou e que ele chama de Irmã Jacoba. Ela chega e, pensando que ele vai morrer, traz sua roupa e um travesseirinho para colocar embaixo da cabeça. Não esquece o prato que ele gosta e os doces que ele adora, feitos de mel. Os frades impedem-na de entrar, porque Francisco está nu. Ele manda que a tragam até ele e diz: "Quando eu morrer quero que levem meu cadáver para minha querida Irmã Clara". E está escrito em todos os textos que ele morreu cantando: "Cantando ele morreu..."

Levam o seu corpo para o convento de Santa Clara. Ela beija sua mão e prende na boca o prego do estigma, arranca-o e o conserva na sua boca, mostrando assim a identificação do seu amor. Freud teria nisso farto material para uma eventual análise da densidade erótica do amor.

Francisco, o homem ecológico, o irmão universal

Tracei os grandes tópicos da vida de Francisco que serão depois aprofundados. Falaremos, nessa oportunidade, da santa humanidade de Jesus, da recuperação do presépio, da Eucaristia e de tudo o que recorda a passagem de Cristo por este mundo e que Francisco fez questão de lembrar. Ele recupera toda uma tradição que afastou Jesus da sua humanidade fazendo-o Deus, Senhor, Imperador. Traz de volta Jesus como servo, sofredor, como o irmão de cada pessoa humana. Os textos referem que ele dizia: "Que beleza termos um Deus que é irmão nosso! Que lindo, que extraordinário que ele nasça, que ele chore, choramingue, que ele mame o leite no peito de sua mãe!"

Francisco não pensa nos dogmas abstratos de Calcedônia ou de Niceia, na natureza divina, nascendo junto com a natureza humana. Não. Ele pensa na criancinha que chora, que mama e ele diz: "Vamos arranjar uns paninhos, porque ele está tremendo de frio". E assim representa o presépio, cria o presépio tal qual o conhecemos hoje em dia. O presépio é uma invenção de São Francisco, para dar carne à sua identificação. A Via-Sacra também é uma invenção de São Francisco e nela vemos, até hoje, as estações da Paixão do Cristo, novamente em seu processo de identificação.

Além disso, ele se identifica com a natureza e seus elementos como irmãos e irmãs. Ele é irmão da cigarra, da abelha, da lesma, do irmão lobo de Gubbio e até da Irmã Morte.

Essa identificação é uma grande trajetória. E por que ela é importante para nós nos dias de hoje? Porque São Francisco não é mais dos franciscanos, não é mais da Igreja, não é mais do Ocidente. Ele é um *arquétipo da humanidade*. Como todo arquétipo, ele sempre renasce, sempre vive, ganha novas figurações. Transformou-se no arquétipo do homem cordial que abraça todos os seres e com eles se identifica.

Na biografia de São Francisco feita por São Boaventura tem uma frase que diz: "Francisco era tão inocente que nele renasceu o *homo matinalis*, o homem matinal da primeira manhã da criação". O homem ecológico, o irmão universal que se confraterniza com tudo, que religa todas as coisas, religa as mais distantes às mais próximas. Francisco casa os céus com os abismos, as estrelas com as formigas e faz uma síntese, das mais fascinantes e das mais generosas da humanidade, a partir de dentro. Une a ecologia interior com a ecologia exterior.

No Oriente, japoneses, coreanos, indianos, veneram São Francisco mais do que ao Cristo. Tudo o que é escrito sobre ele é traduzido – esse meu livro sobre São Francisco tem mais de dez edições no Japão. Porque São Francisco é mais Zen...

O papa, em 29 de novembro de 1987, de um modo muito inteligente, proclamou-o Patrono da Ecologia. Eu acho que ele é mais do que Patrono da Ecologia. *Ele é um dos arquétipos da humanidade reconciliada.* Através dele podemos ter esperanças de nos resgatar, de nos reconciliar com todas as coisas e antecipar a utopia do Reino de Deus dentro de nós que rompe para fora como utopia e como realização histórica. Por isso, ele é alguém que fala à subjetividade profunda dos seres humanos, de todos aqueles que estão buscando. Por isso, ele é atual e nós é que somos velhos. Ele que viveu há 800 anos é mais jovem do que nós. Conseguiu uma síntese com o seu Eu profundo, com a natureza e com a sombra, fazendo do pecado e da humilhação um caminho humilde para Deus. Indo até a identificação com o próprio Deus. E fez isso com tanta leveza, tanta ternura e cuidado que nós nos sentimos envolvidos em uma aura de benevolência e de benquerença. O seu caminhar para Deus é um caminho suave que envolve tudo e nada exclui, nada deixa para trás.

Capítulo 2

2.1 A antropologia dos Terapeutas de Alexandria e de Graf Dürckheim

Jean-Yves Leloup

> "Pois assim como num só corpo temos muitos membros e os membros não têm todos a mesma função, de modo análogo, nós somos muitos e formamos um só corpo em Cristo, sendo membros uns dos outros.
> Tendo porém dons diferentes, segundo a graça que nos foi dada, quem tem o dom do serviço, o exerça servindo; quem o do ensino, ensinando; quem o da exortação, exortando. Que o vosso amor seja sem hipocrisia, detestando o mal e apegados ao bem; com amor fraterno, tendo carinho uns para com os outros, cada um considerando o outro como mais digno de estima."
>
> *Paulo, Apóstolo*[6]

Leonardo Boff falou-nos de São Francisco como um arquétipo do ser humano que se pode reconhecer tanto no mundo oriental quanto no ocidental. Refletiremos agora sobre esta questão da antropologia, da imagem do homem.

---

6. Rm 12,4-10.

Ouvi um psiquiatra perguntar a Roberto Crema sobre a possibilidade do transpessoal ser audível em um mundo materialista e ateu. Eu creio que esta pergunta é sobre antropologia, sobre nossa imagem do homem. Porque de acordo com nossa imagem do homem vamos julgar alguém sadio, doente, normal ou anormal.

Dependendo da nossa imagem do homem, advirão consequências bem concretas. Porque cuidaremos de alguém de maneira diferente se o consideramos apenas como um ser material, somente uma combinação de átomos e moléculas ou se consideramos que estes átomos e moléculas estão habitados por um psiquismo, por uma alma e também por um Espírito. Podemos, também, estudar essas consequências na educação, porque a nossa educação tem um pressuposto antropológico. Estamos indo em direção a que tipo de homem? No nível social, no plano da mídia é também importante discernir a imagem do homem, a imagem transformada do ser humano que nos é apresentada.

Em um primeiro tempo, pois, eu gostaria de lembrar-lhes as diferentes antropologias que eram correntes na época de Fílon de Alexandria e que estão vivas até hoje, detendo-nos na antropologia pessoal dos Terapeutas e de Graf Dürckheim. Leonardo, então, nos falará da visão do homem de Francisco de Assis.

As quatro visões do ser humano

Inicialmente, tentaremos simbolizar as diferentes abordagens do ser humano.

1. O ser humano pode ser concebido e simbolizado como uma simples *linha reta*. É a *visão unidimensional do homem*. O homem considerado em uma só de suas dimensões. O homem como matéria, como corpo, apenas. Neste tipo de abordagem, o corpo tem, às vezes, dificuldades e defeitos e o papel do médico é

como o trabalho de um mecânico ou relojoeiro. Ele deve recolocar a máquina em funcionamento.

Tem-se falado muito nesta divisão homem-máquina e, nesta abordagem, o pensamento é apenas uma complexidade da matéria. É o jogo das sinapses em nosso cérebro. É a matéria que produz o espírito mas não há espírito fora da matéria. Só a matéria existe. Poderíamos desenvolver este tema e ele é bem familiar a alguns meios médicos ou sociais, onde todos os esforços são envidados para que a máquina funcione o melhor possível pelo maior tempo possível.

Na França temos um termo, *l'acharnement thérapeutique,* que é a procura da manutenção da vida de uma pessoa por todos os meios terapêuticos possíveis, estando essa pessoa em estado desesperador. Poderíamos traduzir em português por "zelo terapêutico". Neste contexto, o zelo terapêutico, no momento da morte, é perfeitamente compreensível. É preciso fazer tudo para que a matéria dure mais. Isso cria também um problema, porque tudo é feito para que a matéria dure mais e se sabe muito bem que ela não vai durar.

É por isto que, em sua grande maioria, os melhores profissionais médicos não se encontram à cabeceira de seus pacientes quando eles estão agonizantes. Porque há neles uma "ferida narcísica", na expressão de Freud. Quando Freud sofreu a perda de sua filha Sofia, disse: "Não acuso ninguém, não posso me queixar a ninguém, mas sinto como uma ferida narcisista irreparável". Como se a morte fosse o fracasso de todo um saber, que mostrasse os limites de nossa tecnologia. Esta forma de pensar vai ter consequências na forma de estar presente à cabeceira do doente terminal. Como se houvesse uma dupla linguagem: Eu faço tudo para que você melhore, mas sei que não há outra saída senão o fracasso e a morte. É algo que podemos observar em alguns meios hospitalares.

No meio educativo, se o homem é apenas matéria, matéria composta que logo se decomporá, será ensinado que a finalidade do homem é o sucesso material, é o êxito. Este gênero de mensagem é transmitido constantemente pela mídia e nós conhecemos as consequências sociais que ele pode trazer.

Portanto, há uma visão muito antiga do homem que se encontra entre os chamados *atomistas* que eram muito ativos na época de Fílon de Alexandria. Nós podemos escolher esta antropologia e ver os resultados que ela dará nos níveis médico, psicológico, social e educativo. Neste caso viveremos em um mundo onde só a matéria existe e todo o resto são sonhos e fantasias. Esta visão pode nos parecer curta e restrita, mas em determinados momentos de nossas vidas esta visão pode ter parecido suficiente. Porque sentimos bem nossos limites, sentimo-nos em segurança no interior destes limites e desconfiamos de tudo o que pode nos fazer sair deles, de tudo o que poderia evocar um outro mundo, tudo o que poderia evocar uma outra consciência.

Essa visão terá, também, uma influência na interpretação dos sonhos bem como na interpretação dos fenômenos numinosos. Há várias maneiras de olhar uma flor. Podemos dizer que esta flor é apenas lama, uma transformação desta lama. Ou podemos nos espantar, ao ver levantar-se da lama esta luz. Há várias maneiras de ver o ser humano. Utilizamos frequentemente esta expressão que é limitante e redutora: "não é nada mais do que..." O amor não é nada mais do que... A iluminação não é nada mais do que... O despertar não é nada mais do que...

Uma tese enorme foi elaborada sobre o grande escritor Goethe em que o autor, depois de escrever 600 páginas, explicava todo o gênio de Goethe pelo seu problema de ejaculação precoce. Se todos os que têm este gênero de problema tivessem tanto gênio quanto Goethe! Esta tese mostra uma forma redutora de considerar o ser humano que se opõe a uma maneira mais aberta, mais restauradora. Esta última forma nos remete a uma segunda visão do homem. Não digo que ela seja melhor, mas lembro simplesmente que nós podemos escolher a nossa imagem do ser humano. E esta imagem vai orientar nossa vida de maneira diferente.

2. A segunda visão do ser humano é a *visão bidimensional*, onde se considera o homem não somente como matéria, corpo, *soma* mas também como uma alma, como uma psique. Esta visão não é uma crença. Ela parte da observação do ser humano. Estamos no mundo dos terapeutas, quer dizer, das pessoas que observam o vivente, o ser humano vivo. Essas pessoas observam que a informação que anima a matéria talvez possa ter uma vida independente desta matéria. Que a informação pode ser retirada do corpo e podemos constatá-la já que o corpo se torna inanimado. Mas nada nos prova que esta informação não continue a subsistir. E que esta informação que se pode chamar *alma* tem uma vida independente em relação ao corpo.

Nas abordagens contemporâneas, faço referência às pesquisas de Graf Dürckheim e Elisabeth Kübler-Ross que faziam esta constatação a propósito de exemplos numerosos, exemplos de saída do corpo durante o coma, nos momentos que antecedem a morte e também em outras circunstâncias. O exemplo que mais me espantou é o de um homem cego que foi declarado clinicamente morto pelos dados do eletroencefalograma. Apesar disso, foi reanimado e voltou à vida. Este homem começou a falar. Descreveu a decoração do quarto onde ele se encontrava, a cor das meias do cirurgião. Ora, este homem era cego. Elisabeth Kübler-Ross conta que tentou compreender, pensou que alguém tivesse lhe dito anteriormente sobre o quarto e sobre as meias do cirurgião. Mas esta explicação não era plausível, pois ele entrara no quarto em estado de coma. Esta experiência, para ela, foi muito perturbadora. Como se a existência da alma, a informação da matéria tivesse uma vida independente desta matéria. Como se na alma não houvesse a enfermidade ou os limites desta matéria. Este homem estava cego em seu corpo físico mas sua alma era capaz de enxergar.

Portanto, isso se dá a partir de um certo número de experiências, que poderemos aceitar ou rejeitar. Se nós aceitamos estas experiências, colocamos em questão a nossa visão materialista do ser humano e entramos então em uma visão bidimensional.

No entanto, esta visão bidimensional tem também os seus impasses. Um deles é o dualismo. Porque nesta visão do homem se reconhece a visão de alguns platônicos, para os quais a alma está enclausurada no corpo e que deve se libertar do corpo. É o mito da caverna e muitos outros mitos que encontramos entre os antigos, que algumas vezes influenciaram o cristianismo. Nesta abordagem ter-se-á tendência a privilegiar o mundo da alma, desprezando e esquecendo o mundo do corpo.

Então, para alguns, só existe o mundo da matéria, do corpo e, para outros, só a alma é importante. Estas atitudes são reencontradas hoje e vão ter importância na terapia, na educação. Porque na terapia se cuidará do corpo lembrando-se que este corpo tem uma alma. E na educação trataremos de despertar a essência, de dizer que a finalidade da vida humana, no nível material, é o sucesso, mas também trataremos de conhecer a beleza de sua alma e a liberdade desta alma em relação ao corpo e à matéria.

Esta abordagem terá consequências sociais. Não se falará simplesmente em bens de consumo mas se falará também em experiência transpessoal. E este pode ser um espaço de interesse para o ser humano.

3. Na época de Fílon de Alexandria, como atualmente, havia ainda uma outra visão do ser humano – uma *visão tridimensional*. É sempre o ser humano que é importante. É sempre preciso observá-lo e notar que há nele uma dimensão que não é somente do

mundo da alma. Há o *soma*, há a psique e há também o que os gregos chamam *nous* que corresponde aproximadamente à palavra Espírito, em português.

Nous é uma palavra difícil de traduzir. Ao nível da experiência, podemos verificar em nós mesmos. Não se trata somente da inteligência analítica ou da inteligência racional. Não se trata do mundo da emoção e do mundo do sentimento. Trata-se deste tipo de inteligência contemplativa que, na antropologia semita, terá o nome de "coração inteligente". É uma inteligência silenciosa. É a experiência, no homem, de um espaço e de um silêncio além do mental, além das emoções, além das sensações. Esta é uma dimensão do ser humano que os antigos reconheciam e que redescobrimos atualmente através de determinadas práticas de relaxamento profundo ou de meditação. Podemos experienciar em nós mesmos este espaço de silêncio que os antigos chamavam *nous* e que é uma dimensão importante do ser humano.

Quando desejamos acompanhar alguém que sofre, cuidamos do seu corpo, não esquecemos sua alma com todas as memórias nela inscritas, não esquecemos seu mundo psicológico, emocional, e não esquecemos, também, este mundo de silêncio que existe nele. Na prática terapêutica há uma forma silenciosa de estar sentado e pode acontecer uma transfusão de serenidade neste espaço onde a pessoa reencontra algo deste silêncio interior. Esta prática vai lhe permitir não se identificar mais apenas com o seu corpo, de não mais se identificar somente com o seu psiquismo, mas de descobrir esta outra dimensão do seu ser. Os antigos consideram o *nous* como a parte divina do homem.

Outra antropologia considera o *nous* não como a parte divina do homem, mas como o local onde o divino se reflete no homem. Para falar do *nous* eles utilizarão frequentemente a imagem do espelho. O espelho que, quando completamente limpo, pode refletir a luz e tornar-se luz apesar de não ser fonte de luz.

Na tradição cristã se dirá que João Batista é o testemunho da luz, mas não é a luz. Ele é o *nous*, mas não é o *Pneuma*. Ele é a lua que reflete a luz e que ilumina a noite, mas não é o sol. Ele apenas reflete o sol. Muitas vezes reencontraremos estes símbolos da lua e do sol. Da relação entre João Batista e o Cristo se dirá que é a relação entre o *Ego* e o *Self*. João Batista diz esta palavra: "É preciso que ele cresça e que eu diminua".

Assim, nesta visão, pode-se divinizar uma parte do ser humano e, de novo, desprezar o resto do composto humano. Esta visão é muito corrente entre os monges, na qual para libertar esta parte deles mesmos têm tendência a desprezar o corpo e também desprezar os sentimentos, as emoções e o pensamento racional. Então ele se retira do mundo para melhor conhecer este silêncio.

4. Há uma *quarta visão* do homem. Nela nós reencontramos as três dimensões anteriores como que atravessadas por uma quarta dimensão. As três anteriores, reconhecidas e respeitadas são o *soma*, a psique, o *nous* e elas estão atravessadas pelo *Pneuma*. O *Pneuma* é o sopro, o grande sopro da vida, a energia criadora.

Nesta visão do ser humano, trata-se de introduzir o *Pneuma* no *soma*, não desprezando o corpo mas permitindo que ele receba melhor o sopro. E isto pode levar a experiências de transfiguração, a momentos em que a matéria fica transparente à luz. Poder-se-ia dizer que, nestes momentos, a nossa matéria vibra em outra velocidade, passa para uma outra frequência.

Trata-se também de introduzir o *Pneuma* em nossa psique. Não para destruir nossas emoções, não para destruir nossas memórias, mas para nos sentirmos livres em relação a elas. Não seremos mais o *objeto* das nossas emoções, mas nos tornaremos o *sujeito* de nossas emoções. Não somos mais dominados pela cólera diante das injustiças, por exemplo, mas podemos manifestar uma cólera justa. Não somos mais dominados pelas emoções, mas somos o sujeito dessas emoções. Da mesma maneira, não se trata de negar o *nous*, mas, sim, de não idolatrá-lo, de não tomá-lo pela parte divina do nosso ser, de considerá-lo o espelho da luz.

Vocês sentem a diferença que essas visões antropológicas terão no mundo da educação. Se nossas escolas têm uma antropologia do homem tridimensional, será preciso não apenas nutrir o nosso corpo ou nossa inteligência racional, mas será preciso cuidar da nossa dimensão contemplativa e nos ensinar algumas práticas de meditação.

Na visão "pneumática" do ser humano, o terapeuta, que é um psicólogo, cuida do corpo, cuida do psiquismo, cuida do *nous*, pratica a meditação e respeita todas estas dimensões. Esta quarta antropologia é a que encontramos em Fílon de Alexandria e em Graf Dürckheim.

O que me parece interessante é que esta visão do homem não é um objeto de crença ou de revelação, mas é o aprofundamento de uma observação que tem seu ponto inicial na matéria. É preciso interrogar-se sobre o que anima esta matéria, e entrar neste silêncio existente no íntimo de todas as coisas. Entrar neste sopro que não destrói nada do que existe mas que abre o coração e o torna livre, que abre a inteligência e a torna livre em relação a tudo o que ela sabe. E a conduz um pouco mais longe.

Consequências do nosso pressuposto antropológico

Há, portanto, essas quatro formas de considerar o ser humano. Elas são ao mesmo tempo tradicionais e contemporâneas. Assim, podemos compreender a questão colocada pelo psiquiatra a Roberto Crema, da qual falamos no início deste capítulo, e ter um diálogo com ele. Podemos lembrá-lo de seu pressuposto antropológico e que este pressuposto antropológico é uma escolha. Esta escolha está fundamentada sobre sua experiência e esta, pode se transformar. Nossa visão do homem pode evoluir e em certo momento da nossa vida nós podemos ser completamente materialistas, em outros momentos podemos passar para o lado oposto tornando-nos espiritualistas. Em nossa sociedade encontramos este conflito sem cessar.

Penso no *logion* do Evangelho de Tomé, nesta coleta de palavras atribuídas a Jesus e que foi descoberta há alguns anos nos textos de Nag Hammadi. Os discípulos perguntam a Jesus: "É o Espírito que vem do corpo ou é o corpo que vem do Espírito?" Como vocês veem é sempre a mesma pergunta, da mesma atualidade. Alguns dirão que o espírito vem da matéria e alguns cientistas dirão que a matéria vem do espírito. Dirão que a matéria é um certo resfriamento do espírito. Que a matéria é a mais lenta velocidade da luz. Esta tese nós já a encontramos em Orígenes[7].

Mas qual é a resposta de Jesus? "Se o Espírito vem do corpo é uma maravilha! Se a matéria vem do Espírito, também é uma maravilha! Mas a minha questão é saber como a matéria está nesta luz e como a luz está nesta matéria." A resposta de Jesus não é nem materialista nem espiritualista. Ele quer manter juntos, na surpresa diante daquele que é, a dimensão material e a dimensão espiritual do ser humano. O que é a maravilha das maravilhas são as bodas do corpo com o espírito, as bodas do espírito humano com o Espírito divino. E os Terapeutas de Alexandria estavam próximos dessa visão.

Atualmente, essa concepção pode ser uma fonte de inspiração na nossa prática terapêutica e também na educação. Quando falamos do ser humano, de qual ser humano falamos? Qual é a imagem consciente e inconsciente que nós temos? Porque frequentemente esta imagem é inconsciente. E a nossa educação tanto

---

[7]. Exegeta e teólogo, Orígenes é considerado um dos pais da Igreja. Viveu em Alexandria nos séculos II e III d.C.

escolar quanto religiosa deixa muitos rastros dessa imagem que nós temos do homem.

Assim, é importante discernir o pressuposto antropológico de nossas diferentes práticas. Porque, como eu disse há pouco, é a partir desse pressuposto que iremos interpretar um sonho, que iremos interpretar um sintoma, que iremos acompanhar a pessoa em seu caminho para si mesma. E não podemos conduzir alguém além do lugar onde nos encontramos. Por isso, cada terapeuta deve ter a honestidade de reconhecer sua imagem do homem e diante de certos casos dizer: "Este caso não é mais do meu domínio. Porque isto não me interessa ou porque disto eu nunca fiz a experiência. Vou lhe indicar fulano ou sicrano que têm esta experiência e que podem esclarecer o seu caso".

O ser humano, resumo da criação

Há também, entre os Terapeutas de Alexandria, uma visão que pode nos iluminar. É a visão da *Menorah*, do mundo judaico de Alexandria. Para estes judeus o ser humano é simbolizado pela *Menorah*, por este candelabro de sete braços. Porque o ser humano é aquele que resume o mundo animal, o mundo vegetal e o mundo mineral – o mundo da matéria.

Ser um homem é conhecer seu *animal* e saber que seu animal pode mudar; é conhecer seu *vegetal*, sua árvore, sua planta, sua flor. E às vezes, no plano da saúde, é a planta que está doente em nós, é a planta que tem necessidade de ar e de sol, que tem necessidade de água.

É preciso também conhecer seu *mineral*, sua pedra, sua matéria, que nem sempre é uma pedra preciosa. Alguns se sentem como argila, outros como quartzo, outros sentem familiaridade para com o ouro. É importante reconhecer a nossa ressonância interior com o mundo mineral.

Há também esta dimensão misteriosa do ser humano que é a experiência do seu *nada*. Que é a experiência do seu ser frágil. A realidade do seu aniquilamento, que às vezes é vivida em certos estados de depressão. Esta é também uma experiência do ser humano.

Por conseguinte, *ser um homem,* nesta visão, *é ser um animal, um vegetal, um mineral e é também aceitar ser nada.*

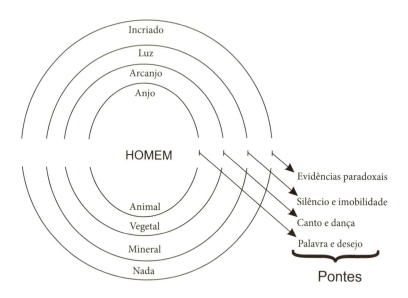

O ser humano faz as pontes

Agora é preciso acender as velas do candelabro e restabelecer a relação com o mundo incriado. Por exemplo, é importante para uma criança ter um animal, porque isto lhe permite o desenvolvimento de sua humanidade. Em certos meios terapêuticos, de crianças autistas, por exemplo, o melhor terapeuta pode ser um animal, particularmente um cavalo. É pena que nossas instituições hospitalares não trabalhem suficientemente com os animais, as plantas e as pedras. Estou falando das instituições francesas, pois não sei se no Brasil estes aspectos são mais desenvolvidos.

Da mesma maneira é preciso restabelecer a ligação entre o homem e o incriado através do *mundo intermediário*. E neste mundo intermediário temos a primeira dimensão, que na tradição chamamos *anjo* e, em seguida, uma outra dimensão, a do *arcanjo*. Por trás destas palavras, anjo e arcanjo, teremos novas experiências e estados de consciência que podemos verificar e vivenciar. Além do arcanjo, há a dimensão que chamamos *luz* e um passo acima o *incriado*.

Olhando o esquema é importante vermos a diferença entre este nada que está representado na parte inferior do esquema e este nada incriado, na dimensão superior – como falávamos no início. Porque, em nossas vidas, há experiências de vazio que são do tipo depressivo e experiências de vazio que são experiências do espaço que contém todas as coisas e de onde nascem todas as coisas.

Para os Antigos Terapeutas, o homem se encontra no meio deste esquema. O trabalho do homem, bem como o do terapeuta, é de restabelecer as pontes, por isso ele era chamado de *Pontifex*, o Pontífice, aquele que faz as pontes. Era o que dizia Dante, igualmente – que cada um de nós deveria se transformar em Sumo Pontífice; deveríamos nos tornar pontes. Pontes entre os mundos que, às vezes, estão separados e em oposição.

E, de novo, a questão que se coloca é "como?" Como restabelecer a ligação entre o mundo material, vegetal, animal, mineral, que o homem resume? Porque é religando que o homem pode se abrir a este mundo angélico, luminoso, incriado. O homem inteiro, o homem que se mantém ereto em seu eixo, faz a ligação entre estes diferentes mundos. Mas o homem inteiro é um arquétipo, é uma imagem da completude. E nós não chegamos ainda lá. Estamos na fase de restabelecer pontes. O homem inteiro não nasceu ainda. Os antigos diziam que o homem ainda não existe.

Não sabemos o que é um homem. Sabemos somente o que é um homem racional, um homem animal. Às vezes encontramos seres humanos quase angélicos, mas um ser humano inteiro não existe ainda. Os judeus dirão sobre ele: "É o Messias que está para vir". O Messias para eles não é alguém que deveria chegar de fora, alguém que esperamos em uma estação de trem ou aeroporto, mas o Messias é alguém que se espera como uma mãe espera o filho. É uma semente que deve crescer em nosso interior, a fim de poder se encarnar, manifestar-se. O Messias é esta semente que cresce em suas diferentes dimensões.

Retornemos ao "como". *A primeira ponte a construir é a ponte entre a dimensão animal e a dimensão angélica do homem.* Frequentemente o anjo e a fera estão em oposição dentro de nós. Como disse Pascal: "Aquele que faz o anjo, faz a besta". Aqui reencontramos o trabalho do terapeuta que estabelece a primeira ponte através da *palavra*, fazendo emergir deste mundo de impulsos que nos habita uma *palavra verdadeira*. O papel do analista é de devolver a cada um a sua palavra tanto no plano pessoal como no plano social. Esta palavra é que, de certa forma, fará-nos sair da animalidade, para tornarmo-nos um animal que fala. Um animal com quem poderemos ter uma conversação.

Nesta dimensão entre o animal e o anjo é preciso também restabelecer a *ponte do desejo*. Reencontrar o nosso desejo mais íntimo. Não o que meus pais desejaram para mim, não o que deseja a sociedade, mas o que eu realmente desejo. O terapeuta, por sua escuta, por sua inteligência e sua compaixão, pode acompanhar alguém em direção à sua própria palavra, não a palavra repetida ou aprendida, mas a palavra do seu ser profundo. E vai acompanhar seu amigo no caminho em direção ao seu próprio desejo.

Lembro a vocês a grande palavra dos Terapeutas de Alexandria: "Vá para você mesmo. Eu estou com você!" Não se trata de falar no lugar da pessoa, de pensar em seu lugar, não se trata de desejar em seu lugar. Mas trata-se de descobrir o seu próprio desejo e a sua própria palavra.

Há em seguida uma outra ponte a construir entre o que os antigos chamavam de estado de consciência do arcanjo e o mundo vegetal. Uma vez que o homem reencontrou sua palavra e o seu desejo, a prática que vai ser proposta pelos terapeutas é a de descobrir o seu *canto*. É a importância da prática do som. A importância de fazer vibrar todo o nosso corpo nesta canção do ser que não somente pode falar, mas pode também cantar. Algumas vezes tudo é dito mas resta tudo a cantar.

E, no corpo, uma outra ponte que será proposta é a *da dança ou da prática dos gestos lentos.* Vocês sentem a ligação da dança com o mundo vegetal quando olham uma árvore ou um arbusto ao sabor do vento. Nos gestos lentos entramos em contato conosco mesmos, com uma qualidade de sopro, uma qualidade de consciência que pode nos transformar e restabelecer a ligação entre o mundo material e o mundo espiritual.

Há ainda esta ponte a construir entre a luz e a matéria. Como? As práticas que são propostas entre os antigos e as que também existem na escola de Graf Dürckheim são as práticas de sentar-se e de permanecer imóvel. Temos então a dança e o movimento, mas temos também esta possibilidade do *sentar-se imóvel e em silêncio.* Temos a palavra e o canto, mas também temos o silêncio. E quando vocês estão em um estado de imobilidade perfeita e de silêncio interior talvez vocês possam sentir esta ponte, talvez vocês possam sentir esta reconciliação entre a luz e a matéria. E podemos sentir em nosso corpo a leveza do ser, porque estamos lá, bem sentados, no coração da gravidade. Podem ocorrer um certo número de fenômenos, onde a matéria torna-se transparente à luz.

Há ainda uma outra ligação a estabelecer, entre a bela vacuidade criadora e as experiências do nada. Nestes casos não há técnicas particulares. Eu chamei isso de *evidências paradox*ais, isto é, experiências que são evidentes mas que não são explicáveis, constituindo-se em um paradoxo. Podemos estar no extremo do sofrimento e, ao mesmo tempo, no extremo da alegria.

A este propósito, ouvimos Leonardo falar de Francisco. Ao mesmo tempo em que Francisco irradiava alegria, era habitado pela dor, porque o amor não era amado. Há momentos em nós onde se faz o elo entre o absurdo e a graça. Em situações completamente inesperadas vivenciamos um sofrimento grande e absurdo e no íntimo desta experiência há como que uma perfuração. No interior daquele vazio mau nós descobrimos a bela vacuidade. E este é um estranho paradoxo.

Assim o ser humano, nesta visão, é chamado para tornar-se ponte. E cada prática terapêutica, cada tipo de ensino tem por objetivo a integração do homem. A integração de todas as suas dimensões. Não se pode esquecer o animal, o vegetal, o mineral que estão em nós e não se pode esquecer também o anjo, o arcanjo e a luz. Não podemos esquecer o nada que somos e o tudo que somos. Mas é a ligação que temos a refazer.

Geralmente estamos mais ou menos aplicados a reconstruir uma ponte ao invés de uma outra. Cada um tem sua especialidade. E, por isso, entre os Antigos Terapeutas fazia-se uma comunidade e, de acordo com o local em que a ponte estivesse quebrada em nós, poderia-se ir a um terapeuta, de preferência a um outro, para reencontrar este elo, para reconciliar estas diferentes dimensões do nosso ser.

Portanto, esta é, ao mesmo tempo, uma imagem que pode iluminar o nosso caminho, nosso caminho de terapeutas, de educadores e também de homens políticos. Porque a questão é aquela que colocamos no início: Que tipo de homem queremos nos tornar? Que tipo de sociedade de seres humanos queremos ter? É ao mesmo tempo uma questão muito pessoal e que tem consideráveis consequências coletivas. Leonardo Boff poderá falar um pouco mais sobre este assunto.

2.2 A imagem que São Francisco tinha do ser humano

Leonardo Boff

> "Ama os que te causam desgosto, nada mais desejando deles além do que te der o Senhor. Ama-os como são, sem desejar, para teu proveito, que sejam cristãos melhores... Que nenhum irmão, ainda que tenha pecado a mais não poder, saia de tua presença, depois de ver os teus olhos, sem obter perdão, se de ti o tiver solicitado. E se, depois disso, ainda mil vezes ele se apresentar diante de ti, ama-o mais do que a mim, a fim de conduzi-lo ao Senhor."
>
> *Francisco de Assis*

Jean-Yves Leloup nos fornece chaves interpretadoras do drama humano em uma visão globalizante, includente, holística e que nos ajudam também a entender a imagem do ser humano que se projeta a partir de São Francisco. Tenho aqui uma tarefa difícil, porque deverei criar em cima do que acabei de ouvir. Será, provavelmente, um pensamento fragmentário que nascerá da minha própria ocupação, do estudo e da convivência com a tradição espiritual franciscana.

Certa vez um companheiro de São Francisco, Frei Maceu, disse-lhe: "Por que você? Por que é a você, Francisco, que as multidões seguem, que se fascinam com a sua palavra? Você não é inteligente, não é letrado, não é bonito, você não tem uma grande retórica. Por que você?" São Francisco ficou impactado com a pergunta, porque ele levava todas as coisas a sério. Retirou-se para pensar, voltou e disse: "Meu irmão, eu descobri por que a mim. Porque Deus escolheu a pessoa mais vil, mais pequenina, mais feia e mais pecadora para mostrar as suas maravilhas".

Esta posição de São Francisco faz-me lembrar a resposta que Jung deu, ao final de sua vida. Também lhe perguntaram: "Por que a sua trajetória?" E ele respondeu: "Desde que eu comecei este diálogo profundo com o inconsciente coletivo e cósmico, eu coloquei toda minha vida a serviço do arquétipo. Para que o arquétipo se manifestasse e eu pudesse criar o espaço para ele realizar a sua trajetória e a sua revelação".

São Francisco usa a linguagem religiosa, o dialeto cristão. Jung utiliza a linguagem científica e secular. Mas a intuição é a mesma. Deixar que uma realidade mais profunda se expresse em mim para me revelar, algo desta realidade. Esta realidade – que é divina porque é ela que se revela, mas é humana porque o espaço da sua revelação é a existência – é uma história, é uma vida humana. Aí estão São Francisco e Jung, com a mesma intuição.

Então sobre o tema: *Qual é a imagem do ser humano que se projeta na visão de São Francisco?* Eu gostaria de articular a questão em dois sentidos:

1. No sentido do que São Francisco projeta e tem como pressuposto na sua prática, no seu discurso, na sua forma de rezar, no seu relacionamento com as pessoas humanas. A partir desta subjetividade de Francisco nasce uma imagem do ser humano.

2. Mas eu queria também percorrer outro caminho. Que tipo de ser humano, que modo de ser, revela-se na figura histórica de São Francisco? Não só a imagem que ele tem do ser humano, mas ele mesmo, em sua prática de vida, projeta uma determinada imagem do homem.

Nestes dois sentidos ele se torna uma provocação para nós. Não só o que ele pensa, mas a sua existência se torna para nós um desafio. Não sei se vocês entendem a questão, mas podemos dialetizar estas duas visões que parecem importantes, para enriquecer a ideia de que o interesse por São Francisco não é apenas por um ser histórico que viveu há 800 anos atrás. Que ademais podia ser qualquer outro, Frei Elpídio, Santo Antônio, São Domingos, seus contemporâneos.

Por que São Francisco? Por que a sua relevância e a sua atualidade hoje? Então trata-se de buscar além da biografia e da subjetividade de Francisco; trata-se de captar o modo de ser de Francisco que é relevante para nós. Se ele tornou-se um *arquétipo*, isto é, se ele penetrou no mais profundo do nosso inconsciente cultural, ocidental, global, humano, significa que ele entrou na dimensão do *símbolo*. Quando uma pessoa vira símbolo, ela se eterniza. Podemos até esquecer sua biografia mas ela se torna uma realidade coletiva e começa a viver no inconsciente coletivo com uma energia poderosa, que emerge continuamente em mil fulgurações.

Assim, São Francisco é uma fonte inspiradora e eu diria que é uma figura seminal. Como uma semente que nos coloca em crise, nos dá evocações, inspirações e funciona como uma luz. Então, São Francisco não está diante de nós ocultando a realidade. Está atrás de nós, atrás da nossa cabeça, iluminando a nossa realidade. Podemos dizer como diria Jung: É preciso despertar o São Francisco e a Santa Clara que estão sepultados dentro de nós, que estão dormindo dentro de nós. Para que eles venham à tona e nós possamos viver com aquele modo de ser que eles viveram, que é um modo de ser integrador e profundamente humanizador.

Sou suspeito para falar, porque tenho todo um filão franciscano em minha formação, em minha autoconsciência, mas talvez seja por este caminho que a humanidade encontre uma certa luz. E talvez seja nesta direção que encontraremos, quem sabe, a solução de graves problemas de preservação do planeta, de convivência das culturas que se entrechocam, da tolerância e da jovialidade no viver este momento dramático da existência. E também com alegria e serenidade enfrentar os riscos que teremos nesta travessia, com a profunda certeza de que o fim é bom e está garantido. Por mais que a travessia seja arriscada e tenebrosa. Isso me faz lembrar um verso de Camões que diz:

> "Depois de procelosa tempestade,
> sombria noite, sibilante vento,
> traz a manhã serena claridade,
> esperança de porto e salvamento".

São Francisco é uma espécie de porto e salvamento, para muitas buscas do ser humano, não somente do ser humano ocidental, mas do ser humano planetário, terrenal.

Seu modo de vida projeta sua antropologia

Creio que a imagem que São Francisco projeta da sua prática de vida é, para a sua época, extremamente revolucionária. E se conhecemos as condições mínimas daquele tempo, admiramo-nos da ousadia deste semianalfabeto da Itália Central, em projetar um sonho da magnitude que ele projetou. E em viver uma prática que o tornou marginal ao campo religioso, ao campo social e ao campo místico da época e que ele percorreu com coerência, mesmo sabendo dos riscos que corria. É por isso que ele nos legou, deixou-nos esta herança tão preciosa.

Ele vive em um mundo dentro de vários mundos. Vive em um *mundo feudal* com profundas desigualdades de hierarquia – os senhores e os servos. Vive também o *mundo nascente da burguesia*. Nós sabemos que, desde a crise e o despedaçamento do Império Romano, a moeda sumiu. Não havia dinheiro. Havia o escambo, a troca de produtos, sem interveniência de moedas. Na geração de São Francisco as moedas voltaram a ser cunhadas. Marx, em *O capital*, diz: "A burguesia nasce no momento em que é reintroduzido o dinheiro. É aí que surge o capital". Se existe a moeda, existe o capital materializado.

Se o feudalismo tem senhores e servos, a burguesia tem maiores e menores. Eles não usavam a categoria rico e pobre, usavam maiores e menores. Maiores eram os donos de negócios, das indústrias têxteis florescentes das quais o pai de Francisco é um exemplo. Controlam as alfândegas, detêm o circuito econômico. Os menores são formados por aquela multidão de trabalhadores, que deixam os campos e vêm para as cidades. Então, no momento em que surge a burguesia, surge também o seu contraditório. São Francisco é a alternativa à burguesia.

As cruzadas foram feitas, em grande parte, para ocupar essas milhares de pessoas que, não tendo mais como subsistir, saíam dos campos enchendo as cidades. Criavam as cruzadas para que essas pessoas fossem fazer guerra contra os muçulmanos. Temos que pensar nestes processos um pouco materialisticamente e não de uma maneira idealista, como o ideal de conquistar a Terra Santa. Esse ideal mascara os verdadeiros interesses que são de poder entre os nobres e reis e não de liberar os lugares sagrados.

As coisas se passavam naquele tempo como na época dos meus avós italianos que imigraram, no século passado, para o Brasil. Foi o truque do capital para esvaziar daqueles países milhões de pessoas que iriam criar um problema para a acumulação de bens, mandando-os para a América Latina, Estados Unidos e Austrália. E assim vieram os nossos imigrantes, como os sobrantes daquela sociedade. Se lá ficassem, colocariam em risco o processo de industrialização, antecipando a revolução proletária. O capital é hábil. Despachavam para cá aqueles que eram doentes, como os meus avós, por exemplo, doentes de tracoma.

Na época de São Francisco havia um *mundo dominante cristão*, a cristandade que se dividia em clérigos e leigos. E como permanente ameaça aos cristãos emerge mais uma categoria, a dos sarracenos. O mundo da cristandade, dos fiéis, opõe-se ao mundo dos infiéis.

E Francisco se situa neste contexto, nele constrói sua identidade, seu processo de humanização e de individuação. Face ao mundo feudal de senhor e servo, ele se situa como servo, segundo se referem os vários textos. Entre maiores e menores, ele se entende menor. Entre os clérigos e leigos ele está ao lado dos leigos.

Sempre nos esquecemos que São Francisco foi leigo. Como foi canonizado e colocado de hábito sobre o altar, todos pensam que ele era um padre. Entretanto São Francisco é patrimônio do laicato, é o maior cristão do Ocidente e, como muitos dizem, o primeiro depois do Único. O Único foi Jesus Cristo e o primeiro foi São Francisco. Há um livro famoso, escrito por um austríaco, Adolf Holl, cujo título é: "O último cristão: São Francisco de Assis". Somente no final de sua vida ele se deixou ordenar diácono, porque, sendo leigo, não podia anunciar o Evangelho. Uma bula papal proibia os leigos de pregarem. Esta proibição tinha como finalidade combater os albigenses, os valdenses, os cátaros. Pregando o Evangelho em Bolonha, como leigo, Francisco foi ameaçado. Então pediu ao papa para receber uma ordem de diácono que lhe permitiria pregar o Evangelho, mas à condição de que a esse ofício não fosse associado nenhum benefício, como dinheiro, títulos, etc. Unicamente para escapar às perseguições.

Face à sua preocupação pelos infiéis sarracenos, Francisco toma parte em uma das cruzadas. E fica escandalizado ao perceber que os cruzados, em vez de combaterem os muçulmanos sarracenos, brigam entre si e se matam, alemães contra franceses, lombardos contra sicilianos. Ele fica desesperado e tenta atravessar as fronteiras. Prendem-no e levam-no diretamente ao sultão Melekel-Kamel. Francisco tem um diálogo com o sultão, de grande doçura, beleza e pacificação. O sultão, emocionado, diz: "De ora em diante, Francisco e seus filhos poderão frequentar todos os lugares santos da Palestina". E desde o ano de 1223 até hoje, os franciscanos estão lá, em todos os lugares santos, em Jerusalém, em Belém... De tempos em tempos os muçulmanos, para se vingarem dos cristãos, matavam todos os frades, que eram substituídos imediatamente.

Além de levar a paz ao sultão, Francisco aprendeu a sua teologia. A partir do encontro com o sultão e com os muçulmanos sarracenos começou a venerar Deus como Altíssimo. Como o Cântico ao Irmão Sol que começa assim: "Altíssimo, Onipotente..."

A fraternidade está na raiz de sua antropologia

Francisco era, pois, uma pessoa fraterna, aberta, que aprendia até do infiel. Não é o infiel, não é o muçulmano que está ali – é um irmão. E aí está a categoria que está na raiz de toda a antropologia franciscana, a categoria de irmão, *frater* em latim. *Frei* é a corruptela medieval de *frater*, de irmão. Talvez a grande descoberta espiritual e mística que ele fez foi a da fraternidade universal. O que para nós, hoje, parece muito claro foi descoberto por ele. Em Mt 23,8, onde Jesus diz: "Quanto a vós, não vos façais chamar 'Rabi', porque *vós sois todos irmãos*".

Estas palavras de Jesus não entraram logo na consciência coletiva porque a mística cristã, desde suas origens até São Francisco, vivia outra experiência espiritual: a do Deus que é Pai e Mãe. É a herança extraordinária de Jesus – *Abba* – um pai maternal e uma mãe paternal, de misericórdia, que cuida de seus filhos. E a experiência espiritual que Jesus nos legou é a de que ele é o Filho unigênito e de que nós somos filhos no Filho, como diz São Paulo.

Então, temos a filiação divina. O Deus Pai não é Javé, não é o juiz, não é o rei, é *Abba*, é mais que pai, é o paizinho da linguagem infantil, é o painho como dizem os baianos. E nós, seus filhinhos e filhinhas. Jesus o Filho por excelência e nós, filhos e filhas no Filho. Somos da casa de Deus, somos da sua família, somos filhos de Deus. A mística da filiação nos leva a viver uma dignidade fantástica. Podermos dizer que somos filhos de Deus e que cada um de nós é iluminado por Deus, porque o Verbo ilumina cada pessoa que vem a este mundo.

Todos são feitos filhos, no Filho. Todos têm esta dignidade. Por mínima que seja a pessoa, é filha de Deus. Nós cristãos não levamos isso tão a sério como Gandhi o fez, transformando a linguagem religiosa em uma linguagem política. Se nós somos filhos de Deus não podemos tratar mal os filhos de Deus nem lhes fazer violências. Temos que resistir, temos que denunciar, porque não se trata assim os filhos de Deus, dizia Gandhi, deixando que eles passem fome e miséria. Como os nossos políticos sociais tratam nossos irmãos e irmãs, crianças e velhos. É impossível tratar assim os filhos de Deus.

Qual é a novidade de Francisco? Ele parte da tradição já internalizada e faz essa experiência: se nós somos filhos, então somos irmãos. Francisco viu não só a relação vertical (ser humano → Filho → Pai), mas viu também pelos lados, em uma relação horizontal. Os filhos juntos são irmãos e irmãs. Essa é a novidade espiritual de Francisco. Francisco não deduz isso racionalmente. Ele vive a filiação como experiência, como uma comoção do coração. Vive a experiência do irmão e universaliza esta experiência. Se todos vêm de Deus e todos são filhos, todos são irmãos, o sol, a lua, as árvores, as rochas, cada um é irmão. O irmão sultão, o irmão sarraceno também.

Na Regra, quando fala de como os irmãos devem ir em missão junto aos infiéis e sarracenos, ele diz de forma extraordinária algo que a Igreja até hoje não conseguiu assimilar. Ele diz: "Quando vocês forem no meio deles, vivam o Evangelho da fraternidade. E sirvam a eles como irmãos e irmãs. Depois, se vocês julgarem que agrada a Deus, anunciem Jesus Cristo e o Evangelho". Vejam, para conviver, servir e tornar-se irmão, irmã, demora muito tempo. São gerações e gerações. Vocês não chegam lá impondo a Cruz e o Evangelho. Vocês chegam com o evangelho mais universal que existe: o evangelho da fraternidade.

Foi com esse evangelho que os missionários franciscanos chegaram ao Japão. Os japoneses matavam os leprosos, e os franciscanos abriram hospitais para evitar que os leprosos fossem mortos. Conviviam com eles, pegavam lepra e morriam juntos. Os japoneses ficavam pasmados e diziam: "De onde vem sua força? Quem faz vocês terem esta atitude?" Os franciscanos respondiam: "O leproso é nosso irmão. Por isso, o tratamos". Depois de duas gerações disseram: "O leproso é nosso irmão, porque temos um grande irmão que é Jesus Cristo". E passaram a anunciar o grande irmão Jesus Cristo. Isso é revolucionário, até hoje.

Então, Francisco descobre a fraternidade universal. Sua antropologia poderia parecer meramente sociológica – você descobre os irmãos, os sócios e aí já desembocamos no socialismo, todos companheiros, todos irmãos e irmãs. Não é assim com a antropologia de São Francisco, que tem uma *raiz teológica*. Em um de seus textos, ele diz: "O admirável não é que tenhamos um Deus que é amigo e está no céu. O admirável é que esse Deus é Pai. O grandioso e admirável não é só que Deus é Pai. É que ele, no seu Filho, encarnou-se e está no meio de nós. E o grandioso não é só que ele se encarnou, é que ele se fez irmão nosso".

Porque, se dizemos "se encarnou", podemos cair no abstrato e no teórico, como diz a tradição dos Concílios: "A natureza humana se une à natureza divina e dessa união hipostática temos o Homem-Deus". Dizendo assim – uma construção metafísica – ninguém cai de joelhos, ninguém chora, ninguém reza. Foi isso o que os cristãos do século IV conseguiram dizer. São Francisco, entretanto, dizia: "Jesus se fez nosso irmão. Ele tem o calor da nossa pele, ele é capaz de sofrer fome e sede e, quando criancinha, chorou e mamou no peito de sua mãe. Envolveram-no com panos, porque tinha frio e tremia". Esta é a humanidade de Jesus.

Não é diante de um Deus distante que caímos de joelhos e dizemos: "Altíssimo, nosso Deus!" O Deus de Francisco está próximo. Fez-se criança que chora, que faz cocô, que tem que ser protegido. É um Deus fraco, é pequenino e por isso não tem condições de ajudar a ninguém. Mas é um Deus que assumiu nossa condição, mostrando a grandeza da condição humana. Para Francisco, Deus é onipotente não porque ele pode fazer céus e terra, construir e destruir. Deus é onipotente porque pode ser pequenino como nós, pode aguentar toda a tribulação humana e ser companheiro nosso na nossa humanidade. Francisco diz que todos são irmãos por causa do grande Irmão que está em nosso meio e que é Jesus Cristo. Portanto, não podemos esquecer a dimensão teológica da sua antropologia.

As características da antropologia de Francisco

Enquanto Jean-Yves falava, descobri sete características da antropologia de Francisco e o número sete é simbólico. O número sete é o número da perfeição = 4+3. Descobri sete categorias, mas nomeio somente seis para não dizer que Francisco é perfeito. Só Deus realiza o número 7.

Primeira categoria – Irmão. É uma revolução e até uma falta de respeito dizer que você é meu irmão em um mundo feudal de grandes suseranos, reis, papas e cardeais. Quando o Imperador Frederico II passa por Assis, Francisco sobe em um estrado perto da rua e grita: "Meu irmão Frederico!" Não é imperador ou rei, é o irmão Frederico. Ele coloca todos em um mesmo plano, na dignidade de serem irmãos. Não rebaixa ninguém. Quer dizer, todos devem estar colocados naquele estado em que Jesus se colocou.

Dizer ao maior que se confronta com o menor, dizer ao rico que acumula, *você é meu irmão*, isso até podemos entender. Mas é difícil entender quando ele chama o leproso de seu irmão, quando diz ao sarraceno infiel que ele é seu irmão. Diz ao lobo que ameaça e devora as pessoas da cidade: "Você é meu irmão lobo". E sai para enfrentar o lobo, dizendo: "Lobo, meu irmão, venha cá. Quero conversar com você". E o lobo, que vinha com toda a ferocidade, sentiu o irmão, coloca a pata nas mãos de Francisco que lhe diz: "Meu irmão, você tem fome. Por isso é que você come as pessoas. Mas eu combinei com os outros 'lobos' (os habitantes) lá da cidade de sempre arranjarem comida para você. E você não vai mais comer os seres humanos. Vamos fazer um trato: eles lhe dão comida e você não comerá mais os homens". O lobo aceita o trato. Circula no meio da cidade, é alimentado por todos e se torna um novo cidadão. Com direito a uma sepultura dentro da igreja de Gubbio. Não é lenda. Há um lobo sepultado dentro da igreja!

Aos ladrões que assaltavam a cidade de Monte Casale, Francisco chama de Irmãos Ladrões. E ensina aos frades qual a estratégia para se acercar deles. "Vocês levam pão e vinho para eles comerem e não precisarem assaltar. No dia seguinte, para mostrar maior amizade, levem uma toalha. No terceiro dia levem o pão, o vinho, a toalha e digam aos ladrões: 'Meus irmãos ladrões, quando vocês assaltarem não batam nas pessoas e não as deixem feridas por aí'". Reparem que ele não diz – não roubem. Apenas diz que não batam e não façam mal às pessoas. "No quarto dia levem o pão, o vinho, a toalha e façam um outro discurso: 'Não seria melhor vocês trabalharem em vez de roubar? Nós arranjamos lugar para vocês trabalharem'". Eles fazem como lhes foi ensinado e os ladrões caem em si com tanta ternura, cortesia, fraternidade. Convertem-se e vários deles se tornam franciscanos. Por isso é que até hoje encontramos ladrões entre os franciscanos...

A fraternidade, portanto, torna-se universal. E tão universal que ela inclui aquilo que, segundo Freud, é a coisa mais difícil de ser incluída por um ser humano: o complexo da morte. Porque a morte, o *Tanatos*, mata o *Eros*. E estas são as duas estruturações maiores do ser humano: o *Eros* que é vida, entusiasmo, projeto; e o *Tanatos*, a morte que se instaura no coração da vida e não apenas no fim. Porque começamos a morrer desde o nascimento, morremos a prestações, devagarinho, até acabar de morrer, quando todo o *Eros* é engolido. Freud diz: "O complexo mais difícil de ser integrado é o complexo da morte", porque mata o desejo, porque engloba tudo na diluição.

São Francisco chama as doenças de "queridas irmãs". Passou por doenças terríveis. Quando foi para as Cruzadas, ficou muito tempo no deserto e o reflexo da luz na areia atingiu seus olhos, ficando quase cego e com dores intensas. Os irmãos frades o operaram, queimando os nervos com um ferro em brasa para aliviar suas dores. Antes, porém, ele faz um discurso ao fogo: "Meu irmão fogo, não peço que você não me queime, porque sua natureza é queimar. Peço, entretanto, que você tenha misericórdia para comigo e que eu possa aguentar a sua violência. Irmão fogo, queime em mim e me cure!" Os irmãos fugiram desesperados porque não queriam escutar seus gritos. Alguns o seguraram para que o médico o queimasse com o ferro ardente. O texto refere que o fogo foi de fato um irmão. Francisco confraternizou-se com o fogo, foi queimado e não precisou gritar porque o fogo não lhe fez mal.

Por fim, chama a morte de irmã. Não é uma bruxa que vem para tirar-lhe a vida, mas a irmã que lhe abre a porta da eternidade. Ele diz: "Irmã Morte, da qual ninguém pode escapar..." E reconcilia-se com ela. Dando a volta à vida nós encontramos a morte. Não há por que fugir ou desesperar, mas podemos abraçá-la. Podemos ter tanta vida dentro de nós que abraçamos a morte e sobrevivemos a ela, porque temos vida em abundância.

Até as ervas daninhas são chamadas de irmãs. Ele diz aos frades e aos camponeses: "Quando vocês fizerem suas hortas com legumes e verduras, deixem um cantinho também para as ervas daninhas, porque elas têm o direito de existir. Elas louvam a Deus à sua maneira. As ervas daninhas são nossas irmãs".

Não há limites para sua fraternidade. Daí a dimensão de doçura, de cortesia, de ternura em São Francisco. Porque, qual é a relação de irmãos? É uma relação de amor, de afabilidade, de comoção, de abraço, de carinho. Os irmãos vivem esta dimensão.

Segunda categoria: irmão menor, *frater minor*. Menor, porque, naquela divisão social burguesa de maiores e menores, ele fica com os menores. Este é o sentido social de menor. Sua ordem é a dos frades menores e se escreve, abreviando, O.F.M., Ordem dos Frades Menores. Além desta ordem tem a Ordem dos Mínimos, menores ainda que os menores, mais radicais ainda. E hoje nós inventamos mais uma ordem, a dos lascados. Há todo um movimento nordestino dos frades, para a criação da Ordem Franciscana dos lascados da *Ecclesia Lascatorum* (da Igreja dos lascados).

Imaginem vocês que, lá no Ceará, São Francisco é nordestino, não é de Assis, é São Francisco do Canindé[8]. É o maior santuário franciscano do mundo e passam por lá milhares e milhares de pessoas. Estive lá várias vezes. O povo acha que os frades escondem São Francisco dentro daquele convento enorme. Então o povo vai à Igreja de São Francisco, paga as suas promessas, desfila diante do convento, olha-o com curiosidade para ver se ele está lá dentro, escondido. E dizem uns aos outros: "São Francisco está lá dentro. Eu o vi. Estes padres alemães são maus, escondem São Francisco". Isso porque a mentalidade mítica popular não é diacrônica. Ela é sincrônica. Moisés, Jesus,

---

8. Canindé é o nome da cidade do Ceará onde se situa a Basílica de São Francisco de Assis que lá é denominado São Francisco do Canindé ou ainda São Francisco das Chagas.

João XXIII, São Francisco, vivem todos juntos em um mesmo tempo. Não é o São Francisco medieval. É o São Francisco de hoje, que está aqui, que é de Canindé e não de Assis.

São Francisco, portanto, é *frade, menor*.

Terceira categoria: servo. Além de irmão, menor, é servo ou serviçal. Representa uma crítica ao sistema feudal, hierarquizado do suserano ao súdito, do senhor ao servo. Assume a função de servo. E diz que os frades devem servir "a toda humana criatura" e também aos animais, às plantas, com a atitude básica de serviço. Ser servo significa ter uma total disponibilidade, uma total abertura, colocando-se junto com a realidade e não acima dela. E porque é servo, como acenei anteriormente, ele não canta *através* das criaturas. Ele canta *com* as criaturas. Porque, usar "através", é usar num sentido utilitário, é utilizar as criaturas como pontes para subir a Deus, é fazer das criaturas degraus. Ora, Deus está em cada degrau e não está somente no alto da escada. Por isso, Francisco canta junto com as criaturas numa profunda fraternidade. Como *irmão, menor, serviçal*.

Quarta categoria: cortês. Para São Francisco a cortesia é fundamental. Ele diz: "A cortesia é divina. Deus é cortês, porque dá o sol e a chuva aos bons e aos maus, aos justos e aos injustos". Pede que todos os frades sejam absolutamente corteses, gentis e finos. Porque Deus faz assim conosco. Trata-nos com gentileza a nós que somos pecadores, miseráveis. Em vez de nos matar, continua nos amando, dando-nos tudo o que precisamos. Então ele pede aos frades que sejam "curialíssimos", que é um termo latino para expressar o trato fino nas cortes (cúrias).

A palavra cortesia deriva da palavra corte, do gesto refinado. Os frades eram pobres, miseráveis, vestiam-se mal, passavam fome, mas eram absolutamente delicados e refinados. Esta contradição, este choque e este paradoxo, causavam fascínio na população. Notamos nas orações de São Francisco, na forma como ele reza, a extrema delicadeza e o refinamento que ele tem ao falar de Nossa Senhora e dos santos. Os aditivos que ele coloca são todos aditivos de excelência, de quem cultiva este espaço interior da cortesia.

A cortesia não é uma mecânica de hábitos refinados. Porque você leu o manual de boas maneiras, sabe como andar, como comer, como se comportar. Não é isso. A cortesia nasce de dentro, nasce da experiência e da cortesia de Deus. É o que faz você vibrar sempre na sintonia do outro.

Então Francisco era *irmão, menor, serviçal, cortês*.

Quinta categoria: livre. A liberdade não é um conceito medieval. São Francisco quase não fala de liberdade, mas, para ele, liberdade era a pobreza. Ele não tinha o conceito capitalista, pauperista, economicista, que temos da pobreza. Para nós, o pobre é aquele que não tem, porque a nossa referência é o ter. É rico aquele que tem muito.

Para São Francisco, os conceitos de pobreza e de riqueza são diferentes. A pobreza é a capacidade de dar, dar e dar mais uma vez. Dar e dar-se. Quanto mais você se dá, mais livre você se faz e mais você tem.

Ao lermos as cartas de São Francisco, percebemos como fala da pobreza, da Altíssima Dama Pobreza, como ele a denomina. A pobreza, para ele, é preciosa. Faz cantilenas à Dama Pobreza, como poeta que é. E diz que a pobreza vai se despojando e quanto mais ela dá mais tem disponibilidade, gratuidade, amor, ser. Diferente da lógica do *ter* humano, na qual quanto mais você dá menos tem. Na lógica do *ser*, ao contrário, quanto mais você dá e se dá mais você é e tem em humanidade e cordialidade.

Na lógica de Francisco na medida em que você se abre para o outro, você enriquece, isto é, quanto mais você se dá, mais rico você fica.

Francisco compreendeu que a pobreza é estar disponível, dar-se, ser livre disto e daquilo, para ter um contato de coração a coração, de olho a olho, de mente a mente com os outros. O que se interpõe entre nós são os interesses, *inter-esses*, aquilo que está entre nós. Então, quanto mais você tira mais você fica imediato ao outro, junto do outro. Nesta lógica, as propriedades, o dinheiro, a acumulação intelectual, o estudo, a sabedoria, as habilidades, todos são formas de você estar separado do outro. E que, por isso, devem ser esquecidos quando nos relacionamos com o outro.

Na época de São Francisco havia uma outra divisão, entre letrados e iletrados. Ele se considerava iletrado. Muitas vezes diz: "Sou vil, pequeno, iletrado, analfabeto". Há um tipo de riqueza que é você dizer: "Eu estudei, eu sei, eu ajudo, eu coloco à disposição". É a inflação do eu. Esta é uma forma de riqueza, é uma forma de estar separado do outro e, por conseguinte, deve ser descartada.

Há uma outra forma de riqueza mais sutil. Você trabalhou muito em você mesmo, santificou-se, fez ascese, ficou extraordinariamente transparente, gentil, reconhece e se alegra com os avanços espirituais que você conseguiu. Cuidado! Esta pode ser uma outra forma de você ser rico, de você se afastar dos outros. Você deve descartar esta forma de riqueza que diz: "Eu sou santo. Deus se acercou de mim e me permitiu um espaço nele". Francisco quebra a pretensão do complexo do Eu que se autoafirma e por isso se descentra. Porque o verdadeiro centro do ser humano não é o Eu, é o *Self*, é Deus, é o irmão, é o outro. Francisco diz: "Se alguém se alegra porque é bom, é santo, esta alegria é diabólica. Por quê? Porque não vê que a causa da santidade é Deus, não é ele mesmo".

A total pobreza é você colocar-se em inteira disponibilidade, sem interesses, sem nada que se interponha entre você e os outros. Por isso, para São Francisco, o caminho da fraternidade é a pobreza. Vamos descobrindo ao longo da nossa vida que podemos viver com bem poucas coisas. Que acumulamos mil coisas, enchemos nossas casas de fetiches, colocamos mil balangandãs, camisas e roupas em nosso corpo e, na mesma medida, vamos nos afastando uns dos outros.

Francisco só tinha uma túnica, um saco com buracos para a cabeça e os braços. Propôs-se, em toda sua vida, a jamais encontrar alguém mais pobre do que ele. Se encontrava um pobre, dava sua túnica, desfilava por aí em trajes menores. Às vezes ficava nu, por ter dado sua túnica a um pobre mais pobre que ele.

Um dos conventos dos franciscanos, onde ele estava de passagem, tinha 50 frades e uma única Bíblia para as orações dos monges. Uma mulher pobre chorava na portaria dizendo que seus filhos estavam morrendo de fome. Francisco manda que se dê a ela a Bíblia, porque a própria Bíblia manda ajudar os pobres. O guardião do convento reclama: "Como é que vamos rezar? Como vamos pregar se não temos Bíblia?" E Francisco lhes responde: "Preguem o Evangelho que não é um livro, que é Jesus Cristo. Anunciem Jesus Cristo e não um livro". Assim, a única Bíblia que tinham no convento foi parar nas mãos de uma mulher pobre para, depois de vendida, matar a fome de seus filhos.

De outra feita mandou tirar a coroa de uma imagem de Nossa Senhora e dá-la aos pobres que estavam pedindo comida na porta do convento. Por quê? O que dignifica Nossa Senhora é ver seus filhos atendidos em sua pobreza e não usar uma coroa de ouro. Então o que o caracteriza é uma total disponibilidade, liberdade total para poder se doar aos outros. Este é o sentido da pobreza franciscana que não tem nada de economicismo em sua intenção, mas tem humanitarismo e compaixão no sentido budista.

Francisco fazia o que via em Jesus. O texto fundamental que cita muitas vezes é da 2Cor 8,9, onde São Paulo diz: "Com efeito conheceis a generosidade de Nosso Senhor Jesus Cristo, que por causa de vós se fez pobre, embora fosse rico, para vos enriquecer com a sua pobreza". Ele seguia a mesma lógica, a de ser sempre pobre.

A pobreza para ele não era uma coisa abstrata como até hoje se nota em alguns membros da ordem franciscana. Quanto posso ter para continuar pobre? Posso ter um carro, uma biblioteca, um computador? Para ele a questão não era essa, pois isso já seria um sofisma. Posteriormente os frades inventaram (e até hoje consta das constituições e ordenações franciscanas) que o Vaticano é o dono de tudo, e que os frades são apenas os administradores das suas riquezas. Dessa maneira eles podem ter tudo, pois o dono é o Vaticano, é o papa! Ora, isso é enganar São Francisco e é um paradoxo na ordem franciscana que vive daquilo que São Francisco não queria.

Para São Francisco a medida da pobreza é o pobre concreto. É o pobre que vai me dizer como devo ser pobre. Se Francisco não quer encontrar ninguém mais pobre que ele e por isso dá tudo o que tem, a camisa, os óculos, a dentadura, para que possa se colocar no mesmo nível que o pobre, sem nenhuma separação, então fica claro que a liberdade e a pobreza estão ligadas. Ser livre é ser desapegado para ser para o outro. Aquilo que Mestre Eckhart sempre dizia: "É a capacidade de desapego das coisas que lhe faz absolutamente livre". E só livres assim podem ser irmãos e irmãs.

Francisco *irmão, menor, serviçal, cortês, livre*.

Sexta categoria: alegre. Chamava a si mesmo de "o irmão sempre alegre". Não era uma alegria de bobo alegre que não sabe porque ri. Era a alegria de saber que somos filhas e filhos de Deus e irmãos do grande Irmão. A alegria de podermos conviver com todos estes irmãos da natureza, com as estrelas e de não vivermos na solidão. Por isso, mesmo nos maiores sofrimentos, como há pouco acenava Jean-Yves, Francisco vivia esta jovialidade.

A palavra jovialidade é muito bonita, vem de Júpiter, *Jovis*. É a dimensão divina do ser humano. Não é a gargalhada do Deus

Pã, da orgia, da festa, com muito vinho ou cachaça. A jovialidade é aquela alegria discreta, leve como uma pena. "Quem poderá carregar uma pena?", perguntava Chuang-Tzu. Não dá para carregar uma pena. É a pena que nos carrega. Essa é a alegria que você tem por se saber na mão de Deus. De saber que tudo o que vem, advém dele. Pouco importa que aconteça vida ou morte, fracasso ou perseguição, tudo acontece no amor de Deus. Dessa experiência de que a Deus nunca chegamos, de Deus nunca saímos, porque estamos sempre dentro dele, nasce esta jovialidade, esta alegria permanente.

É por isso que Francisco, no auge de sua dor, cego e doente, pôde cantar o cântico ao Irmão Sol. Ou quando se encontra com Clara, embaixo de uma árvore, para comerem juntos. Os camponeses acorrem aflitos, porque viram de longe a casinha de Clara, a Igreja de Santa Maria e a árvore, em chamas, em um grande incêndio. Quando chegam os camponeses, escutam os dois falando do amor divino e humano. O fogo e a chama eram o símbolo, a expressão do que se passava dentro deles, na alegria de estarem juntos.

Francisco fez de Clara sua confidente. As coisas importantes que ele tinha que decidir, consultava o princípio feminino em Clara. Ela fazia o mesmo com ele. E era esta realidade integradora que também produzia alegria em Francisco. Alegria como consequência de um tipo de vida e de uma compreensão da realidade, onde não há inimigos, onde a morte não persegue, onde as doenças não perturbam. Porque tudo está integrado numa profunda assimilação de irmãos e irmãs.

Francisco *irmão, menor, serviçal, cortês, livre, alegre.*

Última categoria: misericordioso e compassivo. A categoria *misericórdia* tem uma centralidade fantástica em São Francisco. Nasce com a experiência dos pobres, tendo misericórdia e compaixão para com eles, tratando com misericórdia todos aqueles que fracassam, que pecam, que não dão certo.

Há uma carta sua, belíssima, mística, um dos textos mais inspiradores da literatura ocidental. Um frade que era guardião[9] de um convento queixa-se, por carta, a Francisco: "Francisco a minha comunidade está rebelada. Os frades levam uma vida desregrada, não obedecem, vivem à 'tripa forra' e eu não sei se devo puni-los, castigá-los, aplicar regras, determinações e por isso quero renunciar". Francisco lhe escreve, dizendo: "Meu irmão, você tem que ter misericórdia para com os seus irmãos pecadores. Se eles não vêm falar com você, corra atrás deles para falar-lhes. Se eles não querem ter misericórdia, ofereça você a misericórdia. E se um deles for embora irritado com você, corra atrás dele e diga: 'Meu irmãozinho, você não quer mesmo misericórdia?' E nem pretenda fazê-los melhores cristãos. É você que deve mudar. Tem que ter toda a misericórdia, toda força interior para conviver com eles. E conquistá-los pela sua compaixão e misericórdia".

É fácil punir e enquadrar as pessoas. Difícil é você abrir o coração a ponto de todos aí caberem. Porque é assim que Deus faz. Como na versão do Evangelho de São Lucas[10], em que Jesus manda amar os ingratos e maus. Não diz para tolerá-los e sim, para amá-los, como se narra na parábola do filho pródigo[11]. Só há uma crítica na parábola do filho pródigo, é uma crítica ao irmão bom, porque ele só foi bom, não foi misericordioso. Então, para ser plenamente humano não basta ser bom, tem que ser também misericordioso. São Francisco entendeu esse segredo da plena humanidade.

Ele também tem misericórdia para consigo mesmo. Curiosamente, ele se dá conta de que castigou demais seu corpo, que fez jejuns demais e que o corpo tem suas necessidades. Então diz:

---

9. O guardião, na tradição franciscana, é o superior do convento. É aquele que tanto guarda o convento, quanto cuida dos frades.
10. Lc 6,27-38.
11. Lc 15,11-13.

"Meu irmão burro (nome que ele dá ao corpo), eu lhe castiguei, puni-lhe, puxei suas rédeas, maltratei você, neguei todos os seus desejos. Agora não vou mais fazer tais restrições. Vou atender os seus desejos naquilo que você merece, para que você tenha sua alegria, sua jovialidade".

Uma noite Francisco ouviu um frade gritar: *"Morior fame!"* – estou morrendo de fome. Renuncia ao seu jejum, prepara uma galinha e come a galinha com ele. Para não deixá-lo constrangido, para não humilhá-lo e para que ele não se sentisse só na sua fome, come com ele.

Outra vez, passando em uma comunidade de franciscanos, onde todos morriam de fome, escutou deles: "Irmão Francisco, você nos exige coisas demais. Os jejuns da Quaresma são tão rigorosos que não estamos aguentando". Francisco os leva a um parreiral vizinho, que eles invadem para comer uvas. Por causa disso foram perseguidos e espancados.

Como se depreende, ele não se rege pela lei do jejum da Quaresma que tem de ser feito da forma mais rigorosa. Ele faz aquilo que convém, uma coisa de cada vez. Tem compaixão da necessidade humana. Exerce a liberdade a partir de dentro. Como diz Santa Teresa: "Cuándo gajinas, gajinas; cuándo ayuno, ayuno". Então, quando se trata de comer galinhas, vamos comer galinhas mesmo, comer até um bom churrasco. E quando se trata de jejuar, vamos jejuar, com inteireza, sem pensar em galinhas e churrascos. São Francisco era assim, inteiro em tudo o que fazia. Sempre sensível ao outro, compassivo, misericordioso.

Tinha a atitude budista da compaixão, que significa *sentir com o outro*. Não aquele sentido menor que tem a nossa linguagem, da compaixão para com o inferior, com o que está lá embaixo, com o coitadinho. Mas a compaixão no sentido etimológico da palavra *compassio*, de alegrar-se junto, chorar junto, construir junto, crescer junto. Tendo o mesmo *pathos*, a mesma força juntos, solidarizando-se, caminhando juntos.

Até aqui demos alguns tópicos biográficos que nos revelam como São Francisco vivia, a imagem do ser humano que ele elaborou e na qual se transformou: *um homem misericordioso, compassivo, alegre, livre, cortês, serviçal, menor e irmão universal.*

O ser humano é um entrelaçamento, um nó de relações

A mais rica definição do ser humano que encontrei até hoje é a definição de um grande escritor francês, chamado Antoine de Saint-Exupéry, em seu romance *La Citadelle* – A cidadela. Ele diz: *L'être humain est un noeud des relations* – "O ser humano é um nó de relações".

O ser humano é um nó de relações, voltado em todas as direções – para cima, para o sonho; para o alto, para Deus; para dentro de si, para o seu coração; para os lados, para os seus irmãos e irmãs; para baixo, para a terra, para a natureza. Relações em todas as direções. E o ser humano só se realiza, se ele agiliza, se ele articula as relações. Se corta as relações, ele empobrece. Então, eu diria que esta antropologia é panrrelacional, é uma antropologia ecológica.

O que é a ecologia? Pierre Weil falou disso recentemente. *A ecologia é a relação* e não existe nada fora da relação. Porque tudo tem a ver com tudo, em todos os momentos e em todas as circunstâncias. Não existem as coisas, existem as pontes que fundam as coisas. Não existem os objetos, existem as subjetividades que têm história, que estão abertas umas às outras, as relações que envolvem todo mundo. Então esta antropologia é ecológica, panrrelacional, amarra as realidades.

No âmbito dessa antropologia se move São Francisco. Não é preciso ser só um nó de relações, mas é preciso ser um nó de relações cordiais. A cordialidade é fundamental para São Francisco, em quem tudo é amarrado no coração. Por isso, é carisma, é comoção, é vibração, é entusiasmo, é abraço, é confraternização com todo o mundo em uma antropologia de relação, panrrelacional, de cordialidade para com todos os seres.

Uma antropologia que sabe sentir o coração das coisas. Os textos dizem que Francisco sentia o coração íntimo das coisas. Isso tem um sentido bíblico e um sentido profundamente oriental. As coisas têm coração, porque têm identidade. Então, poder sentir o coração do outro, afinar-se, entrar nesta sintonia com ele, é viver a fraternidade universal. É tornar-se árvore, pedra, oceano, estrela. Não é a estrela estar lá e você estar aqui. É você virar estrela, tornar-se sol, transformar-se em lua. É você ter a *união mística* (como dizem os antropólogos que estudam esse fenômeno), a fusão mística com essa realidade. Uma experiência de não dualidade, de identificação. Não gosto da palavra identidade. Gosto de identificação – aquele processo que vai criando a identidade, na medida em que se identifica com o outro. Essa foi a caminhada de Francisco.

O filósofo francês Jacques Maritain e outros viram que, em termos sociais, São Francisco dá origem a uma democracia universal. Dá origem a uma democracia sociocósmica e não só a uma democracia onde as pessoas humanas são todas iguais, todos irmãos e irmãs, sem hierarquias, como é o ideal da democracia. Na Igreja oficial, hierárquica nunca houve democracia. Nas ordens mendicantes, tudo é democrático, todos são eleitos, do provincial ao guardião. Tudo é decidido em reuniões que nunca acabam, onde os cabelos são arrancados e os capuzes voam. Mas estão aí, como diz São Francisco, *in plano esse*, todos no mesmo plano, em seu ideal de fraternidade.

Ele proibia que qualquer frade fosse vigário, bispo e muito menos cardeal. Nada disso. Queria que eles continuassem lá embaixo, como irmãos. *In plano subsistere*, subsistindo no plano, no chão, onde todos devem estar. Portanto, é uma democracia social, os seres humanos todos como irmãos e irmãs, igualitários.

Uma democracia cósmica, incluindo nela outros cidadãos: as plantas, os animais, as rochas, as águas, o sol, a lua, as estrelas. Imaginem o que seria da cidade onde moramos se não houvessem as plantas? Se não existissem os passarinhos, as nuvens e uma atmosfera pura para respirarmos? Não seria uma cidade humana. Estes novos cidadãos participam do nosso convívio, devem ser respeitados, têm direito a viver. São Francisco já intuíra as legislações para a defesa dos animais e das plantas.

A democracia cósmica não é uma democracia biocentrada, centrada apenas na vida, porque na natureza existe a morte. A natureza é o equilíbrio vida-morte. Por isso, Francisco inclui em sua democracia todas as formas de vida e também os leprosos, os doentes, nada excluindo, nem mesmo a morte.

O Seráfico Pai Francisco

Quero terminar só com uma referência que pode enriquecer a compreensão da figura de São Francisco. Ele é chamado Santo *Seráfico*. E isso me faz pensar no que Jean-Yves nos falou há pouco, sobre nossa ligação com os anjos. Ele tinha uma ligação fantástica com os anjos. Depois de Nossa Senhora e de Jesus Cristo, quem mais ele venerava era São Miguel Arcanjo. Para celebrar a festa de São Miguel ele fazia um retiro de 40 dias, com jejum. Se vocês observam novamente o esquema que Jean-Yves desenhou, São Miguel Arcanjo está no meio da aliança, unindo-se ao vegetal. Francisco venerava todos os anjos, tanto assim que ganhou o nome de Seráfico. Nós, os frades, falamos dele como "o Seráfico Pai Francisco". Serafim, anjo!

Creio que é o arquétipo que fala; esta dimensão do anjo deve ser compreendida na linha do arquétipo. Não é o Miguel no sentido da consciência, é mais profundo, na ordem do inconsciente coletivo. James Hillman, e todo o grupo que desenvolveu a doutrina dos arquétipos de Jung, tem excelentes reflexões sobre a angelologia. Eles veem os anjos não tanto como seres, substâncias, etc., mas como forças energéticas, arquétipos de poderosa luminosidade. Mas há também os anjos tenebrosos, os vários tipos de demônios, que são também energia, focos diabólicos junto com os focos simbólicos que o ser humano deve integrar e domesticar, colocando esta energia na construção de um projeto de integração e de centralidade.

São Francisco é um homem seráfico, quer dizer, é homem, menor, pequeno e, ao mesmo tempo, angelical que transfigurou sua vida. Eu diria que ele é um *homem reconciliado*. Reconciliou o dentro com o fora, o alto com o baixo, Deus com a humanidade, a dimensão angelical com as dimensões animal e vegetal do ser humano. Viveu isso tudo com uma profunda leveza.

Comparemos superficialmente os caminhos de São Francisco e Santo Inácio. Os retiros espirituais de Santo Inácio supõem uma engenharia tremenda. Só compreensível num santo da modernidade. Santo Inácio é um santo do século XVI onde irrompe a razão, a estratégia, a ascese. Se há algo que fascina em São Francisco é que ele não tem estratégia nenhuma. O que fala nele é o coração, não a razão.

No que se refere aos critérios de discernimento, na escola jesuítica há todo um trabalho refinado de psicologia e de reflexão, mediante o qual se chega ao discernimento dos espíritos. São Francisco sequer conhece essa palavra. Ele quis colocar o Espírito Santo como Superior da Ordem Franciscana. Assim, ficavam todos na maior liberdade, sem ministro, sem superior geral, sem papa. Isso irritou profundamente os homens da ordem religiosa. E por que tirar? Porque é impossível organizar alguma coisa com o Espírito Santo, que inspira cada um conforme seu gosto. E Francisco ainda colocou lá, na Regra, integrando o negativo: "Quando um frade achar que alguma coisa é muito pesada para sua consciência, não é obrigado a obedecer, nem que seja contra a Regra. Porque é o Espírito Santo que fala nele". Imaginem se isso funciona numa comunidade!

Como já dissemos anteriormente, essa atitude antropológica exige total finura com o outro, sintonia, capacidade de conviver, de dialogar, de buscar o caminho da equidade. Por isso, Francisco é o *santo da reconciliação*, *homo reconciliatus*, que inclui os extremos, o masculino e o feminino, o divino e o humano, o diabólico e o simbólico, o que desagrega e o que congrega, a vida e a morte. Por isso é que há nele um apelo messiânico muito grande. Não sem razão foi chamado de *Alter Christus*, o outro Cristo.

O Padre Antônio Vieira no seu discurso sobre as sete chagas de Francisco dizia: "Despi a Francisco e vereis a Cristo, vesti a Cristo e vereis a Francisco. Francisco é a segunda estampa de Cristo". Por isso, com essa terminologia do *Alter Christus*, do outro Cristo, Francisco com as suas chagas, impacta de tal modo a cristandade que se torna o arquétipo do *Self*, semelhante ao Cristo que é o arquétipo central da nossa subjetividade. Como filho de Deus, remete-nos ao mais profundo, a Deus. Francisco caminhou tão longe no seguimento de Jesus que entrou na esfera Dele. E também virou crístico, messiânico.

O contato com São Francisco produz uma grande crise pessoal em cada um de nós. Porque ele tem tal densidade de ternura, de afeto, de cortesia que nós nos sentimos pecadores e maus. Mas, ao mesmo tempo, não nos sentimos condenados. Ele não nos condena, tem misericórdia, convoca-nos a caminhar, a realizar este caminho rumo ao próprio coração.

No meu "Francisco: ternura e vigor" conto o que um frade me disse lá em Assis, enquanto eu escrevia o livro. Ele era um fradezinho humilde que cultivava o jardim, os parreirais e a horta. Quando ele tomava vinho, celebrava o vinho, o trabalho da cepa e o seu trabalho. Um dia conversávamos sobre os caminhos da santidade franciscana, enquanto tomávamos o seu vinho. Transcrevo o que ele me disse: "Se você tiver o chamado do Espírito, atenda e procure ser santo com toda sua alma, com todo o seu coração e com todas as suas forças. Se porém, por sua humana fraqueza, você não conseguir ser santo, procure então ser perfeito com toda a sua alma, com todo o seu coração, com todas as suas forças. Se contudo você não conseguir ser perfeito por causa da vaidade da sua vida, procure então ser bom com toda a sua alma, com todo o seu coração, com todas as suas forças. Se ainda não conseguir ser bom por causa das insídias do maligno, então procure ser razoável com toda a sua alma, com todo o seu coração e com todas as suas forças. Se, por fim, você não conseguir nem ser santo, nem perfeito, nem bom, nem razoável por causa do peso dos seus pecados, então procure carregar isso diante de Deus e entregue a sua vida à divina misericórdia. Se você fizer isso, irmão, sem amargura, com toda humildade e com jovialidade de espírito, por causa da ternura de Deus que ama os ingratos e maus como você, então você começará a sentir o que é ser razoável, você aprenderá o que é ser bom, lentamente aspirará a ser perfeito e, por fim, suspirará por ser santo. Se tudo isso você fizer, cada dia, com toda a sua alma, com todo o seu coração, com todas as suas forças, então eu lhe asseguro, irmão, você estará no caminho de São Francisco e não estará longe do Reino de Deus".

2.3 As dimensões de Francisco

Jean-Yves Leloup

Gostaria de agradecer ao Leonardo, com algumas palavras, por revestir de carne o meu esqueleto. Ele deu um rosto, um rosto muito humano, a este arquétipo da síntese no interior de nós mesmos.

Eu creio que entre as qualidades de São Francisco, ao lado da compaixão que está no coração, há duas noções que poderiam ser muito úteis para todos os terapeutas: a *noção de fraternidade e a noção de serviço*.

Na *noção de fraternidade*, chamar a morte de *nossa irmã, a morte*, entrar em fraternidade com ela. Amar nossa condição mortal, nossa condição frágil. Entrar em fraternidade com esta fragilidade para melhor servi-la, sabendo que apesar de tudo o que possamos fazer, não podemos impedir a morte de uma determinada pessoa, por exemplo. Isto nos deixa em uma certa pobreza, a pobreza do nosso poder.

Voltemos ao nosso esquema e entremos em fraternidade com o *nosso irmão o sol*. O sol que é um reflexo da luz incriada. Francisco canta seu irmão sol, sua irmã lua e todo este mundo do reino mineral. Francisco entra também em fraternidade com o mundo vegetal, da mesma maneira como o terapeuta deve entrar em fraternidade com a dimensão vegetativa do ser humano. Bem como com a sua dimensão mineral que, no ser humano, corresponde aos ossos e ao esqueleto.

O sol, a lua, os vegetais, tudo isso está dentro de nós. É preciso entrar em ressonância com tudo isso, para melhor servi-los.

Algumas pessoas têm dor em seu sol, têm dor em sua planta. Outros têm dor em seu animal e aí é importante entrar em contato com o animal que está em nós, com o nosso irmão lobo. O nosso lobo exterior e o lobo do nosso interior, que têm a mesma necessidade de ser amados. É este espírito de fraternidade que nos permite não temê-lo, que nos permite reconhecê-lo como a um amigo. Então, talvez ele ponha a pata na nossa mão e nós nos reconciliaremos com este mundo dos impulsos que está em nós. Mas esta fraternidade supõe que, a cada vez, não tenhamos medo, medo da morte, medo do lobo.

Há também *a fraternidade para com o ser humano*. Observemos, em primeiro lugar, a fraternidade entre Francisco e Clara. Ele dizia algumas vezes que seu melhor irmão era sua irmã Clara. A importância de sua irmã, a mulher que vai ensiná-lo que o seu corpo não é simplesmente o corpo de um burro. Quando o homem encontra a mulher, este encontro é importante no seu processo de hominização e vice-versa. Observemos também o Irmão Leão, todos os seus irmãos frades, o irmão ladrão, o irmão papa. Portanto, é a fraternidade com os nossos mais íntimos, nossos irmãos de família, nossos irmãos espirituais. Mas também a fraternidade para com nossos irmãos que pertencem a um outro meio, a uma outra sociedade, como nosso irmão leproso e todos os nossos irmãos que nos fazem medo. Existe uma fraternidade a reencontrar, para que o serviço seja possível.

Temos ainda o *nosso irmão anjo*, esta inspiração, este mensageiro. Nós falamos de Gabriel, aquele que transmite a mensagem da divindade. Quando os homens não estão de acordo é preciso que escutem a voz do anjo. Em Francisco está bem marcada esta conexão entre o animal e o anjo. Sobretudo em seu sermão aos pássaros. Quando ele fala aos pássaros fala também aos anjos e a história nos diz que tanto os pássaros quanto os anjos escutam suas mensagens.

E depois vem o *arcanjo*. Leonardo nos falou de Miguel e dos serafins. A experiência da estigmatização de Francisco faz-se através do Cristo sob a forma de serafim. E o nosso irmão arcanjo e o nosso irmão serafim, ao encontrá-lo, colocam-no em comunhão com a *luz*. Uma luz que é próxima, que está na matéria, que está no sol, porque os dois não estão separados.

Da mesma maneira, o *nosso nada* vai reunir-se à presença do incriado. E eu creio que é por isso que Francisco amava tanto a pobreza. Porque é uma experiência de vazio. É uma experiência de desentulhamento para que a presença do ser possa se manifestar.

A única coisa que a morte não pode nos tirar é aquilo que nós demos. E Francisco, querendo doar tudo sem cessar, torna-se verdadeiramente livre nesta pobreza, como disse Leonardo. Porque não se pode tirar dele a presença do ser que habita esta pobreza.

Portanto, obrigado a Leonardo por ter dado um corpo e um rosto a este arquétipo que está em cada um de nós. E eu compreendo melhor quando ele dizia que o Cristo e Francisco eram o mesmo. Porque eles são realmente o arquétipo da síntese. Os padres da Igreja falavam de Cristo não somente em sua dimensão histórica exterior como em sua dimensão interior, como arquétipo da síntese. O terapeuta é aquele que, através da fraternidade, com todas as dimensões do ser, cuida também desse processo de síntese que está operando em cada um de nós, nos momentos de alegria e nos momentos de crise.

Capítulo 3 – A sombra

Jean-Yves Leloup

> "Havia um homem que não gostava de ver sua sombra nem suas pegadas.
> Para escapar delas, corria, corria, e quanto mais corria, mais pegadas surgiam no chão e com mais facilidade a sombra o perseguia.
> Pensando que isso acontecia porque estava indo devagar demais, acelerou o ritmo e saiu desembestado, campo afora, até que caiu de exaustão e morreu.
> Se tivesse ficado quieto, não haveria pegada alguma.
> Se tivesse parado tranquilo sob uma sombra, a sua própria sombra teria desaparecido."
>
> *Chuang-Tsé*[12]

O que é a sombra

A sombra é a parte reprimida de nós mesmos. Entre os monges, por exemplo, a dimensão corporal, a dimensão sexual e a dimensão feminina são frequentemente reprimidas. Mas não há necessidade de ser monge para ter medo de suas dimensões corporal, sexual, feminina. É por isso que os terapeutas nos dizem que há um trabalho a fazer em nossa sombra.

No intervalo desta conferência, eu falava com o Deputado Tilden Santiago que nos provocou com uma reflexão (Cf. pergunta

---

12. HOFF, Benjamin. *O Tao do Pooh*. [s.l.]: TRIOM, 1982.

3). Refletimos juntos sobre o fato de nunca ter havido paz na cidade de Jerusalém, que é um lugar do mundo cujo nome quer dizer "Cidade da Paz", cidade do Shalom. Por isso, creio que é muito perigoso chamar um lugar de "Cidade da Paz" (risos no auditório). Há uma lei taoísta que postula que cada coisa atrai o seu contrário. E Heráclito também nos fala que cada coisa se transforma em seu contrário. Podemos observar isso em nossa vida diária quando, por exemplo, encolerizamo-nos com alguém e, após termos expressado esta cólera, somos invadidos por uma grande ternura, como se passássemos de um oposto ao outro.

Falar muito de luz atrai muita sombra. É pena que Leonardo não esteja presente para nos falar da sombra em São Francisco de Assis. Porque todo ser de luz tem uma sombra. Nós já dissemos que o sinal da verdadeira experiência interior, quando a luz se revela a nós, é a descoberta dos pontos de sombra em nós mesmos. Amamos estar ofuscados pela luz mas não amamos a sombra em nós.

Tanto para os Antigos Terapeutas quanto para Graf Dürckheim não há caminho para a luz que não faça a travessia da sombra. Não se trata de procurá-la, não se trata de se comprazer nela, trata-se de atravessá-la. E isto vai nos permitir fazer a diferença entre o verdadeiro místico e o mistificador. Aquele que não conheceu sua sombra, aquele que não reconhece os seus limites, o que ele pode reprimir em diferentes níveis, conhecerá apenas uma falsa luz, um ofuscamento. A verdadeira luz não se vê, mas ela nos permite ver. Ela nos permite ver todas as realidades, mesmo as mais terríveis, no exterior e no interior.

Os tipos de sombra

Para Graf Dürckheim existem diferentes tipos de sombra. A *primeira sombra* que ele analisa e observa é a *repressão da agressividade*. Todos estes impulsos recalcados em nós mesmos e que foram bem estudados por Reich e Lowen. A energia que quer ir até o meu punho ou até o meu pé é bloqueada no meio do caminho. Estes bloqueios repetidos vão criar uma espécie de couraça que pode me aprisionar.

Quando esta agressividade reprimida volta-se contra nós mesmos, origina certo número de impulsos suicidas. É a agressividade não voltada para os outros que se volta contra nós mesmos. E a questão é como não destruir esta dimensão do nosso ser que se manifesta na agressividade. Como orientá-la de modo diferente. É com a mesma energia que eu posso socar a cabeça de alguém que eu carrego as suas malas. Eu não gasto mais energia em um caso do que no outro. Mas a orientação que eu dei à minha energia foi diferente.

A questão da agressividade, bem demonstrada por Konrad Lorenz no mundo dos animais, implica aceitá-la e, ao mesmo tempo, transformá-la em criatividade. Para que esta energia, em vez de ser destrutiva, torne-se construtiva. Mas não se trata de negar a agressividade, sobretudo em uma criança.

Vocês conhecem a explicação dada por Jung sobre a ascensão do nazismo na Alemanha. Ele explicava o fenômeno pela "boa educação" protestante dada às crianças alemãs que não tinham o direito de expressar sua agressividade e deviam ser tão comportadas quanto imagens. Como na expressão francesa: *être sage comme une image* – ser bem comportado como uma imagem. E se vocês têm filhos sabem muito bem que eles podem ser anjos e também diabinhos. E aqueles que querem matar o diabinho acabam por matar também o anjo. Esta é uma questão muito importante.

Penso em uma passagem do Evangelho em que se fala do joio e do trigo. Os discípulos perguntam: "É preciso arrancar o joio?" E Jesus responde: "Deixem-no crescer até a época da colheita porque aí se verá a diferença entre os dois. Porque, querendo arrancar o joio prematuramente, vocês se arriscam a arrancar, também, o trigo". Querendo arrancar de nossos filhos toda a expressão de agressividade podemos impedir neles toda a expressão de criatividade.

Para Jung, quando na educação de crianças se reprimiu uma dimensão de seu ser, esta dimensão se retira para o inconsciente coletivo. Chega um momento onde o que foi reprimido, retorna. E toda esta agressividade recalcada durante anos, não somente se manifesta em um indivíduo mas pode se manifestar em um corpo social inteiro. Por isso, é importante, quando se considera um ser humano, que se observe as suas partes de sombra, sabendo que nesse homem há agressividade, há um lobo feroz. E que nós podemos orientá-lo. Esta força de agressividade pode ser muito útil para construirmos uma grande obra. Nós temos necessidade desta energia para ir até o fim do nosso mais profundo desejo e das nossas mais nobres realizações.

A *segunda fonte de sombra* em Graf Dürckheim é a *repressão da sexualidade*. Ele não diz nada de novo em relação a Freud e aos temas que conhecemos muito bem. Apenas acrescenta que se nós podemos reprimir a sexualidade, a libido, não podemos reprimir o *Eros*. Quando falamos da escada do amor, dissemos que o amor é um arco-íris com todas as suas cores, as quais não devem ser opostas nem misturadas. E Graf Dürckheim diz que não se deve recalcar em nós esta dimensão erótica da sexualidade, do *Eros* no sentido antigo do termo. Quer dizer, um sexo que tem asas, um sexo alado verdadeiramente humano e capaz de nos abrir às dimensões da transcendência. Não se trata de negar esta dimensão que existe no interior da sexualidade, porque, se tirarmos as asas do falo, ficaremos com um falo impotente e estéril.

Não podemos nos arriscar a passar ao largo do amor propriamente humano. Assim, a repressão da sexualidade não é simplesmente a repressão da expressão genital da sexualidade. É a repressão de todas as cores do arco-íris, de todas as manifestações do amor: da ternura, do serviço, do devotamento, do perdão, da gratidão, da gratuidade, todas estas qualidades que nós já evocamos.

Através de uma verdadeira experiência amorosa pode-se trilhar um caminho espiritual real. Dürckheim dizia que Freud recusava esta dimensão espiritual da sexualidade e que isto estava ligado à sua recusa pela música. Freud não gostava de música. É interessante notar que o amor pela música pode introduzir uma música no interior de nossas relações. Senão ficamos somente com as palavras e perdemos a melodia, o canto do encontro. E isto nos conduz ao terceiro aspecto da sombra que é muito particular ao mundo ocidental.

Leonardo já nos falou dessa *terceira fonte de sombra* que é a *repressão do feminino* quer seja em um homem quer seja em uma mulher. Porque o que foi chamado de "liberação da mulher" é, frequentemente, a liberação do masculino na mulher, é o seu direito ao trabalho, é o seu direito de ser igual ao homem. Esta é, sem dúvida, uma etapa necessária. Mas há também uma outra etapa onde homens e mulheres devem encontrar esta dimensão profunda do feminino. Porque vivemos em um mundo particularmente masculino, talvez mais ainda na Europa, onde o que importa é a técnica, é o êxito social, é a importância da análise, da palavra, esquecendo toda a riqueza do silêncio.

Na França é muito difícil alguém ter o direito de não fazer nada. Se uma mulher vê seu marido ou sua criança sentados tranquilamente em uma cadeira, diz imediatamente: "O que é que você está fazendo aí? Mexa-se, faça alguma coisa". Por isso, a televisão é útil, algumas vezes. Lembro que a esposa de um operário não suportava vê-lo sentado, sem fazer nada. E quando ela reclamava, ele ligava a televisão e fechava os olhos. Porque ele tinha o direito de ver televisão, mas não tinha o direito de ficar sem fazer nada. São sintomas de nossa civilização, sintomas hoje considerados como coisas quase normais para todo mundo.

E por trás disso tudo não vemos que reprimimos uma dimensão profunda do nosso ser que é a dimensão contemplativa. É belo fazer e agir, mas é belo também não fazer e não agir. Simplesmente estar lá, olhar a beleza daquilo que é, ser um com o momento. São dimensões, algumas vezes não permitidas. A isso Graf Dürckheim chamará de "repressão do feminino" e quando há uma repressão coletiva há também uma volta do que foi recalcado, no nível coletivo. Era assim que ele explicava as aparições da Virgem. O feminino reprimido em uma cultura vai, de certo modo, manifestar-se no exterior.

As aparições de Lourdes ocorreram em um momento onde o materialismo na Europa chegava ao seu extremo, quando todas as técnicas deviam funcionar muito bem, a ciência era vitoriosa e associada a um grande desprezo por tudo o que não se podia explicar. Em outros lugares do mundo as aparições nos transmitem esta mensagem do feminino. É interessante ver o que a Virgem diz, nestes momentos. Ela convida sempre a voltar para o silêncio e para a prece. Ela convida, igualmente, como em Medugorje, à prática do jejum que é uma prática que tem como objetivo nos tornar livres em relação a nossos momentos de consumo.

É interessante ver como a mensagem da Virgem, a cada aparição, é quase a mesma mensagem do Clube de Roma, que é uma reunião internacional de cientistas. As mensagens são muito parecidas: se nós continuamos a viver como vivemos, nós nos destruiremos uns aos outros, esgotaremos os recursos da terra e precipitaremos a destruição do nosso planeta. Estas mensagens emergem do feminino em nosso interior. É interessante também ver que em Bernadette Soubirous, Bernadette de Lourdes, à medida que o feminino se integrou nela, não ocorreram mais aparições. A mensagem, a informação tinha sido interiorizada.

Portanto, poderíamos também não somente refletir mas observar a importância que damos à dimensão feminina em nossa vida, à dimensão contemplativa do nosso ser. Graf Dürckheim lembra, como também os Antigos Terapeutas, que o retorno à dimensão espiritual do ser passa pela reconciliação com o feminino. Como dizíamos anteriormente, é deste feminino que pode nascer o *logos*. É neste silêncio, é nesta virgindade do Espírito e do coração apaziguado que nosso ser verdadeiro pode se manifestar e se encarnar. Senão viveremos com a metade de nós mesmos, com a dimensão atuante e reflexiva, a dimensão ativa e passamos ao largo da outra metade ou vamos procurá-la fora de nós.

Há um *quarto espaço da sombra* em nós, além da repressão da agressividade, da repressão da libido em todas as suas dimensões e da repressão do feminino. É a *repressão da individualidade criadora*. Não é fácil ser criativo, em uma sociedade. São muito raros aqueles que têm a sorte de fazer algo que lhes agrada. A grande maioria de nós trabalha para ganhar a vida e a de nossos filhos. E não há nada de criador no trabalho que fazemos. Este trabalho não criativo pode nos tornar doentes, se não doentes, pelo menos infelizes, e conduzir-nos a uma depressão que é uma tentativa de fuga a todas estas pressões.

Penso em uma pessoa que estava muito doente. Durante o trabalho de *anamnese* ela me revelou que, quando criança bem pequena, sonhava tornar-se bailarina. Como em seu meio isto não era possível, teve que renunciar ao seu sonho. Esta renúncia criou nela toda espécie de sintomas difíceis a um ponto tal que ela adoeceu. No momento em que a conheci ela quase não podia andar. Quando descobriu que havia nela uma bailarina reprimida, pôde-se observar uma certa melhoria ao nível dos sintomas. Mas o trabalho que foi feito, foi ao nível da imagem que ela tinha da bailarina. Porque, para ela, ser bailarina era estar no palco, dançando em um espetáculo, recebendo os aplausos e o reconhecimento da plateia. E pouco a pouco ela compreendeu que talvez não chegasse a ser uma bailarina célebre, mas que poderia introduzir a dança em sua vida. Um dia eu lhe fiz uma visita e ela me convidou a entrar em sua cozinha. Olhando-a, era como se ela dançasse e lhe perguntei: "Agora você dança?" Ela me respondeu: "Não, estou lavando a louça". Ela introduziu nos gestos de sua vida diária algo que estava em relação com a sua identidade criadora.

Esta é uma grande questão: como não reprimir a dimensão criadora em nossa existência? Como introduzir imaginação, fantasia, quer seja poesia, quer seja dança ou uma determinada pesquisa interior? Cada um tem o seu modo de ser criativo, escrevendo um livro, construindo uma casa ou construindo a casa que ele é. Porque nós somos, cada um de nós, uma obra-prima a realizar.

Há também uma forma criativa de escutar. Há pessoas que escutam coisas mais inteligentes do que aquelas que eu falo. Quer dizer, elas acrescentam à minha fala sua própria criatividade, seu próprio conhecimento, sua própria experiência. A palavra não é somente daquele que fala, mas é também daquele que escuta. É por isso que nós não sabemos o que Jesus disse. Nós só sabemos o que seus discípulos escutaram. E assim há várias versões dos Evangelhos. É por isso que haverá várias versões do que se disse neste final de semana, porque cada um cria a palavra que ele escuta. Há uma maneira fecunda, criativa de escutar, de fazer e de viver.

E nós podemos terminar falando sobre a *quinta dimensão* que podemos reprimir em nós mesmos. É a *recusa ao ser essencial*. Há uma repressão da sexualidade que pode nos fazer muito mal, mas há também uma repressão da espiritualidade que pode nos desequilibrar. E esta é a diferença entre Freud e Jung.

Para Freud, a espiritualidade faz parte da categoria "neurose da humanidade". E Freud, que é uma pessoa inteligente, dirá a seus amigos que o seu livro *O futuro de uma ilusão*, onde ele fala da religião, é o pior dos seus livros. Ele dirá que se o ser humano for considerado como uma casa, só o porão deve interessá-lo. É importante interessar-se pelo porão, porque se as fundações, os alicerces não são sólidos, o que vai ser construído em cima vai desmoronar. Mas também não fomos feitos para vivermos em um porão e é bom estarmos no primeiro andar, recebendo amigos. É bom também ir ao sótão algumas vezes, ir a este sótão que simboliza o inconsciente coletivo, todo o passado, todos os arquétipos antigos que podem nos ajudar a iluminar o nosso caminho. Assim, esta repressão do ser essencial não é somente recalcar o sótão, nem recalcar o porão ou o primeiro andar, mas é recalcar o próprio ser que é capaz de subir e de descer, de ir procurar um bom vinho na adega e de ir ao sótão procurar as fotos de família para reconhecer a sua linhagem, o caminho mais seguro para chegar ao presente.

Recusar seu ser essencial é estar fora, ao lado, de seu mais íntimo desejo. E então voltamos ao assunto da quinta dimensão. Uma das definições psicanalíticas da saúde é manter-se o mais próximo possível do seu mais íntimo desejo. Isto não quer dizer que a vida seja fácil, isto não quer dizer, obrigatoriamente, que nosso corpo e nossa psique estão em muito boa saúde, mas que, no íntimo dessas provações, nós permanecemos centrados. Nós permanecemos "sujeitos".

Como dissemos anteriormente, nós não somos o objeto dos acontecimentos e das circunstâncias, mas somos o sujeito dos acontecimentos e das unstâncias. Esta repressão do ser essencial é a repressão do "suje ", é reduzir um ser a objeto, a um mecanismo na sociedade. É esquecer sua dignidade de ser humano. É esquecer, em uma árvore, que a folha não é somente uma folha. Ela é também a expressão da árvore. A seiva que está nas raízes está ligada ao que floresce na ponta da folha.

Conclusão

Terminarei com esta lembrança da construção da Catedral de Notre-Dame, em Paris. É um diálogo de um passante com dois talhadores de pedra. O forasteiro pergunta-lhes o que estão fazendo. Um deles responde: "Estou quebrando pedras". E o outro diz: "Estou construindo uma catedral". Não se pode reprimir em nós mesmos o construtor de catedrais. Não somos somente talhadores de pedras. O trabalho é pesado para ambos, mas a orientação do coração é diferente.

O objetivo deste trabalho sobre a sombra em uma dimensão ou outra do nosso ser é um trabalho de lucidez, é o trabalho do herói que enfrenta seus monstros interiores, que enfrenta os seus medos. Mas isso é feito para que nasça o ser autêntico, o ser centrado no ser Essencial. Alguém em boa saúde. É isto o que podemos desejar uns aos outros.

Capítulo 4 – O numinoso

Jean-Yves Leloup

> "Um erudito chamado Wang riu de meus poemas.
> Os acentos estão errados, disse.
> Sílabas demais; a métrica é pobre; as palavras, impulsivas.
> Ri de seus poemas, assim como riu dos meus.
> Eles parecem as palavras de um cego, descrevendo o Sol."
>
> Han-Shan[13]

Uma pessoa faz, do auditório, uma pergunta que nos ajuda a introduzir o tema do *numinoso*:

A respeito da representação do ser, como composto de duas semiesferas a serem conectadas, uma espiritual e a outra material, a função do terapeuta foi definida como sendo a de conectar estas duas partes. Ponderamos que a visão material do universo é uma visão humana que não concebe a presença do imaterial. Por outro lado, a visão imaterial, espiritual, não pode conceber a visão material por ser infinita e não limitada. Como se poderia fazer esta conexão?

Sua pergunta é muito profunda. É a questão de como um ser finito pode conhecer o ser infinito. Como um ser limitado como nós pode fazer a experiência do ilimitado. Não é uma ilusão. Não é uma impossibilidade que é como um sintoma da não aceitação de nossos limites.

---

13. HOFF, Benjamin. *O Tao do Pooh*. [s.l.]: TRIOM, 1982.

Um cântaro se pergunta: "Como é que eu posso fazer a experiência de que o espaço que está no interior de mim mesmo é o espaço que preenche todo o universo?" É preciso destampar o cântaro. E destampar o cântaro não se faz pela nossa própria vontade ou pelo nosso próprio desejo. Entre o interior do cântaro e o universo há esta ponte da palavra, muito misteriosa. Como, da matéria que somos, do barro que faz o cântaro, pode jorrar esta palavra? E, neste momento, como fazemos para nos compreendermos? É que há entre nós não somente a matéria, mas há também a consciência.

Como entrar na experiência deste espaço, neste espaço infinito de um ser finito? Para que não seja somente uma bela ideia, há os exercícios que já evocamos e há, sobretudo, estes acontecimentos em nossa vida que podem ser assunto para nossa reflexão. Este momento de nossa vida em que o cântaro está aberto. Onde o punho está aberto e nós descobrimos que, no interior do punho, há uma mão. E que esta mão toca alguma coisa inusitada que ela nem sempre sente.

Eu não posso pegar o espaço em minha mão. Talvez possa acariciá-lo, acolhê-lo, fazer dele um cálice. Assim, há momentos nas nossas vidas em que a mão se abre na inteligência, no coração. Graf Dürckheim e os Antigos Terapeutas falam assim da experiência do numinoso que é, exatamente, o objeto desta questão. Porque é a experiência de um ser finito que se abre a algo infinito. Para os semitas o numinoso é o *Todo-Outro*. Para os gregos o numinoso é o *Precisamente Aqui*. Eu creio que uma descrição mais completa do numinoso poderia ser *O Todo-Outro Precisamente Aqui*.

O numinoso é uma experiência onde ficamos fascinados e, ao mesmo tempo, aterrorizados, porque não sentimos mais nossos limites. Fazemos a experiência do espaço universal que está no interior do cântaro. Não é preciso esperar morrer para fazer esta experiência. No Evangelho, quando se fala de vida eterna, se fala não da vida após a morte, mas sim da dimensão de eternidade que habita a vida. Se a vida é eterna, é eterna antes, durante e depois. E a eternidade é a experiência do não tempo. Certos físicos se aproximaram desta experiência do não tempo vivenciada no próprio coração do tempo.

A questão que serviu de introdução a este capítulo é importante, porque ela nos lembra que tudo o que dizemos do infinito nós dizemos com um instrumento finito. Tudo o que dizemos do absoluto dizemos a partir de um instrumento relativo. Tudo o que dizemos do *Self* é dito pelo Ego. Tudo o que sabemos de Deus é um ser humano que disse. Esta visão de Deus ou esta visão do infinito, do sem limites, tem os limites do instrumento que o percebe. Assim, não podemos absolutizar nenhuma representação. Porque será sempre uma representação relativa, do absoluto. Será sempre uma representação finita, do infinito. Mas estas são, talvez, reflexões muito abstratas.

Lembremo-nos, sobretudo, destes momentos de nossas vidas onde tivemos uma experiência, uma abertura de nossa consciência a uma outra consciência. Uma abertura do nosso ser material a uma dimensão que podíamos ou não nomear mas que era bem real. Desta realidade que, ao mesmo tempo em que nos fascinava, aterrorizava-nos e que era o numinoso em nós.

O numinoso na natureza

Em alguns casos, esta experiência foi vivida na grande natureza. Não foi somente uma experiência de beleza, a beleza estética de um pôr do sol ou de uma paisagem magnífica. Foi um momento, enquanto caminhávamos na floresta ou ao pé de uma montanha e, de repente, nós paramos. Estávamos lá. Sentíamos nossos pés no chão, sentíamos o cheiro do musgo. Não estávamos em um estado alterado de consciência, em um estado secundário.

Estávamos mesmo lá. Ao mesmo tempo havia um silêncio no coração e na inteligência. Compreendíamos com o corpo o que líamos nos livros de física. Havia uma interconexão com todos os elementos do universo. Neste momento, não era eu que olhava a árvore, mas eu sentia também que a árvore me olhava, que me envolvia com sua presença. Que a seiva que estava nela e o sangue que estava em mim eram da mesma família.

Pode-se traduzir esta experiência em termos científicos. Pode-se traduzi-la em termos poéticos. Pode-se traduzi-la nas palavras de São Francisco de Assis quando ele fala de sua comunhão com a natureza, do seu Irmão-Sol, de sua Irmã-Lua. Neste caso, existe uma experiência onde o sujeito e o objeto não estão mais separados. Onde o infinito e o finito não estão separados. O ar que está no interior do cântaro e o espaço que preenche todo o universo vivem um momento de unidade. Isso pode ter ocorrido na natureza quando éramos adolescentes.

Mas a natureza nem sempre é a boa natureza. Às vezes há cataclismos. Vivi na Grécia a experiência aterrorizante de um terremoto. A natureza não é apenas boa, ela pode ser aterradora. E no interior desta experiência de terror pode-se sentir alguma coisa como a energia criadora. E no coração mesmo de um terremoto sentir-se além do pânico. Alguns puderam fazer esta experiência.

O numinoso na arte

Na natureza fascinante e bela ou na natureza aterradora e destruidora há também a experiência da arte. Há pouco falávamos da dança. Há momentos onde eu não danço mas onde sou dançado. Há momentos onde eu não faço música, mas sinto a música que vem na ponta dos meus dedos. E alguns grandes artistas podem viver, através da arte, a experiência da transcendência. Na linguagem deles, falarão de suas musas, de seus anjos inspiradores como se tivesse neles uma fonte de inspiração maior que sua competência. E todo o seu trabalho, todo o seu esforço tem, talvez, por finalidade evidenciar, através da arte, este momento que foi sentido sem esforço.

A grande arte, como eu disse há pouco, não está reservada para os que vivem sobre um palco ou em museus, mas é a introdução da beleza em nossa existência. Na sociedade tradicional a beleza não está fechada em museus, a beleza é aquela do seu prato, da jarra de água, da qual você se serve, e esta beleza é como uma marca, como uma lembrança da beleza criadora.

Assim, alguns de nós viveram este momento de abertura da consciência através da contemplação de uma obra de arte, de uma obra de arte visual ou auditiva ou no prazer simples de bem fazer alguma coisa, de preparar um prato, de arrumar um quarto ou uma mesa. E, no momento exato em que estamos fazendo isso, conhecemos um momento de harmonia, onde nosso ser finito estava como que em ressonância com o infinito.

Mas a arte pode ser também a discordância e em certa forma de arte contemporânea há todo um trabalho de desestruturação. Nas pesquisas de alguns surrealistas havia esta busca de infinito. Ir ao limite da possibilidade humana como dizia o poeta Rimbaud, fazer a experiência de todas as loucuras para que, além delas, toque-se em uma outra dimensão. Esta outra dimensão que ele não chamava Deus, que não tinha nome mas que ele reconhecia em sua busca interior.

Isto nos faz pensar no que diz Lacan, no nível psicanalítico. Que há um desejo em nós que não foi feito para ser preenchido. Como se houvesse em nós um desejo infinito que só o infinito pode preencher. E todas as coisas finitas, as mais belas, as mais magníficas, podem nos apaziguar por um momento, mas não preenchem este desejo. Como se na própria estrutura do homem houvesse esta abertura à transcendência. Como se na própria estrutura de seu desejo houvesse o desejo de uma outra consciência. Seria interessante ver que, a partir de uma abordagem científica e analítica, abrimo-nos a esta dimensão do numinoso.

O numinoso no encontro

Para alguns, esta abertura não se viverá na natureza, não se viverá na arte, mas se viverá no encontro. No encontro de um ser humano com outro ser humano, mesmo que seja em *nível físico*, como falávamos há pouco. A sexualidade pode nos abrir a uma outra dimensão, porque, durante alguns instantes, nós nos esquecemos de nós mesmos e nos entregamos. E nesta experiência de doação, nesta experiência de abertura, há a Presença que vem nos encontrar. Há esta presença que Graf Dürckheim chama "O Grande Terceiro". Nesta ocasião compreendemos que o amor não depende de mim ou de você mas de um terceiro entre nós. Há o amante, a amada e, entre eles, o amor. Este amor tem uma vida própria.

Algumas vezes duas pessoas olham demais uma para a outra e não olham juntas na mesma direção. Não olham juntas para este terceiro que as une. Que, ao mesmo tempo, une-as e as diferencia para que não haja mistura, para que não haja redução de um ou de outro. Se as pessoas olham este terceiro então a relação poderá ser duradoura. Neste caso, fez-se a experiência de algo que não pertence ao tempo. Vocês talvez notaram, entre alguns de seus verdadeiros amigos, que vocês podem se separar por muitos anos, deixarem de se ver por muito tempo e, após 10 ou 20 anos, quando vocês se encontram é como se continuassem a conversação da véspera. Como se houvesse entre vocês alguma coisa que não foi utilizada nem destruída pelo tempo. Esta experiência de amizade ou de amor é uma experiência da eternidade no tempo. E, novamente, temos uma abertura do nosso ser finito ao infinito.

O encontro pode também ser vivido de *um espírito a outro espírito*. A pessoa que nos fala diz exatamente a palavra que nós pensamos e não sabemos se é ela que fala ou se somos nós que falamos. Neste caso há um momento de unidade, um momento em que partilhamos a mesma consciência, um momento em que não estamos mais enclausurados no nosso pequeno vaso. Sentimos que o nosso pensamento é compartilhado com o outro pensamento.

Isto pode ser vivido *no nível do coração*. A impressão de que conhecemos alguém desde sempre. Não é necessário apelar para uma vida anterior. Talvez seja mais necessário apelarmos para nossa vida interior. Quer dizer que nós nos encontramos no nível da profundidade que não está atrás de nós, que não está no passado mas que está no próprio momento em que vivemos. E aí, novamente, há uma abertura de coração.

Vocês sabem, porém, que o encontro de dois seres humanos nem sempre é maravilhoso e transfigurador. Pode ser destruidor. Através da paixão, do ciúme, podemos nos destruir. Mas com o recuo posso ver que graças a este conflito, graças a esta separação, a este rompimento, posso descobrir a mim mesmo. Porque o que se decepciona em mim é a minha expectativa. Eu fico decepcionado na medida das minhas expectativas.

Não se trata de acusar o outro, de não recebê-lo. Trata-se de reconhecer a projeção que estamos fazendo no outro. E neste momento ocorre como que uma retirada da projeção. Pode ser um momento de decepção, mas pode ser também um momento de iluminação. Neste sentido, um pensador francês nos fala da "decepção iluminadora". Ele dizia: "Eu tenho ainda muitos amigos a decepcionar". Efetivamente, não paramos de projetar uns nos outros, nossa imagem do homem, nossa imagem da mulher. E há momentos em que não há mais imagens. E nesta transparência há um verdadeiro encontro. Um verdadeiro encontro com sabor de transcendência.

Vocês se lembram quando Leonardo nos falou do encontro de Francisco de Assis com os pobres e com o leproso. Estes encontros podem se dar, entretanto, com pessoas bem comuns. Mas há um momento onde nossos olhos se abrem. Na liturgia bizantina, quando se fala da transfiguração de Cristo, diz-se que os discípulos tornaram-se capazes de vê-lo como ele era. Não era o Cristo que tinha mudado. Era o olhar dos discípulos. A experiência da transfiguração não é somente uma mudança do mundo exterior mas é uma mudança de olhar sobre o mundo exterior. Mudar de mundo começa por mudar de olhar.

O numinoso na celebração

Há também este lugar de experiência do numinoso, no culto e na celebração. O objetivo de uma celebração é de procurarmos o invisível no sensível, no olfato com o cheiro do incenso, nos ouvidos com o canto, na cabeça com o sentido das palavras e no coração com a Presença que é evocada, no paladar com o pão e o vinho compartilhados, na visão com as imagens dos ícones.

Aqui precisamos fazer a diferença entre o que chamamos ídolos e o que chamamos ícones. *Ídolo* é o que enche a visão, os olhos, o que para e bloqueia o olhar. O *ícone* é o que abre os olhos e que, a partir do visível, nos abre ao invisível. E a pergunta que se coloca é: como não termos os olhos bloqueados pelo que nós vemos? Do mesmo modo como falávamos ontem à noite, como termos a inteligência não bloqueada pelo que nós sabemos? Saber o que se sabe e saber também tudo o que não se sabe? Ver o que se vê e ver bem, mas ver também o invisível que envolve tudo o que se vê. Ouvir o que eu ouço mas ouvir também o silêncio de onde vem esta Palavra. É por isso que os antigos padres do deserto diziam: "Felizes os que ouvem a palavra de Jesus e mais felizes ainda aqueles que ouvem o seu silêncio". O silêncio de onde vem sua palavra. E não se trata de opor um ao outro. E às vezes, como através de uma música, como através de um texto sagrado, esta Presença se manifesta a nós. E aí há um momento numinoso, um momento de abertura de nossa consciência. Há uma consciência maior e mais vasta.

Momentos numinosos

Nós poderíamos compartilhar momentos que interrogam a nossa racionalidade e nos obrigam a nos abrir a uma outra consciência. No que me toca, pessoalmente, meu primeiro mestre, meu primeiro guru, foi uma cabra que se chamava Filomena. Ela era muito malcriada. Subia na mesa onde eu almoçava. E, um dia, deixou no meu prato o rosário impecável do seu cocô. Se vocês olham um cocô de cabra, descobrem a perfeição. E para mim, que na época não era crente, o fato fez-me não somente sorrir mas também pensar. Precisei de muito tempo para descobrir no Mahayana e nos textos do Mestre Eckhart o ensinamento de Filomena: que o sem forma está na forma, que o incriado está no criado, que o infinito está no finito. Esta é a nossa questão do início e de sempre.

Há também os olhos das crianças. Só os santos sabem rezar como as crianças sabem dormir. Neste estado de abandono, de inocência, de confiança. Vocês se lembram que o paraíso perdido é a confiança perdida. Algumas vezes os olhos de nossos filhos são grandes catedrais e em seu olhar encontramos algo desta confiança que nós perdemos. A confiança da nossa consciência na grande consciência que fez todas as coisas.

Confiança e consciência. A confiança no próprio movimento da vida que nos transporta. Em um determinado momento é preciso aceitar o não compreender. E neste estado de não compreensão ter confiança na vida. Permanecer centrado. Assim, eu creio que nunca mais nos decepcionaremos. Mesmo se vivemos provações difíceis. Mas ficaremos decepcionados se mentirmos a nós mesmos, se não tivermos confiança em nosso desejo mais profundo, em nossa palavra criadora.

Assim, cada um poderá evocar estes momentos. Não são obrigatoriamente momentos extraordinários. Algumas vezes são momentos de simplicidade. Estas experiências numinosas não são passíveis de redução por explicações simples no nível da vida neurofisiológica. Também não podemos explicá-las como sendo a graça, mas podemos aceitá-las como revelação do nosso ser essencial.

Portanto, há alguns critérios de discernimento a dar e que serão melhor explicados no capítulo seguinte. Por exemplo: há sonhos em nossas vidas que não são simplesmente sonhos. Sonhos no sentido freudiano do termo, como expressão do que foi reprimido na nossa primeira infância. Sonhos que não é somente lembranças do que vivenciamos durante o dia ou sonhos ligados a problemas de digestão. Não podemos esquecer esta possibilidade mas também não podemos esquecer que a palavra criadora pode nos falar através dos nossos sonhos.

Há os textos sagrados das tradições, há os textos sagrados do coração e há também o texto sagrado da noite. Durante a noite o verbo criador cria símbolos e imagens que não são, para nós, explicações do mundo, mas que podem dar sentido à nossa existência. Nós sentimos que no sonho existe um sentido, que é sempre muito mais rico do que o que podemos dizer dele. E que poderá ser para nós como um mestre interior para nos fazer ir mais longe.

Capítulo 5

5.1 O discernimento

Jean-Yves Leloup

> "Um Jnani (conhecedor de Deus) e um Premika (amante de Deus) caminhavam certa vez em uma floresta.
> Enquanto caminhavam, viram um tigre a certa distância.
> Disse o Jnani: 'Não há razão para fugirmos; Deus Altíssimo certamente nos protegerá'.
> Ao que replicou o Premika: 'Não, irmão, vamos fugir.
> Por que haveríamos de perturbar o Senhor por causa de algo que podemos fazer com os nossos próprios esforços?'"
>
> *Bhagavad Gita*[14]

Falamos da travessia da sombra e destas experiências do numinoso que podem abrir o nosso ser finito ao infinito, abrir o nosso cântaro ao espaço que preenche todas as coisas. E vimos que haviam diferentes caminhos, diferentes experiências.

A nossa questão agora é a do *discernimento*. O discernimento diante destas experiências que nos ocorrem e que podem nos

---

14. *A essência do Bhagavad Gita. Dos Upanishads e outras escrituras Hindus.* Tecnoprint, 1985.

conduzir seja a um hospital psiquiátrico quando a experiência é interpretada de forma redutora, seja a um monastério quando interpretada de forma mística. Mas que pode nos conservar no coração do mundo, se isso é compreendido de forma iniciática, de uma maneira onde se trata de integrar esta experiência de abertura no quotidiano de nossa vida. Fazendo de maneira grande as pequenas coisas, introduzindo a eternidade no tempo.

Critérios da experiência numinosa

Quais são os critérios de uma autêntica experiência numinosa? Graf Dürckheim e os Terapeutas de Alexandria nos indicam alguns pontos de referência. Seria bom saber também, em Francisco de Assis, quais seriam estes pontos de referência, para que não estejamos na mistificação ou na ilusão.

O primeiro critério é que estas experiências são impossíveis de confundir com outras experiências, porque há nelas uma qualidade especial que não deve ser esquecida. Há também a experiência de transformação que isto vai implicar. Nós reconhecemos uma árvore por seus frutos. Uma experiência do numinoso é aquela que desencadeia uma transformação em nossa existência, no nosso olhar sobre o mundo, no nosso modo de agir para com os outros, os mais próximos e os mais afastados. Se isso não ocorrer, pode ser uma experiência maravilhosa, mas ela não é transformadora e não é, portanto, uma experiência do numinoso.

Portanto, o *segundo critério* de uma experiência autêntica é *esta transformação de nossa existência* que vai ser desencadeada. E uma certa humildade. Procuramos compreender o que nos aconteceu. Nós já falamos disso no início desse seminário. Não podemos nos ver com os nossos próprios olhos e por vezes temos necessidade de um olhar que nos compreenda. Que diga que não estamos loucos, mas que não diga também que estamos iluminados, que somos santos. Que nos lembre que somos seres humanos a quem ocorreu uma experiência e que não se trata de se satisfazer com esta experiência, mas fazer dela o começo de um caminho.

O terceiro aspecto é a qualidade de irradiação que está em nós após esta experiência. Aqueles que nos cercam perguntam o que nos aconteceu. Diz-se de alguém que está amando que ele tem alguém em sua vida. Eu creio que um cristão, por exemplo, não é mais inteligente que os outros, melhor que os outros ou que irradia mais que os outros, mas é alguém que tem Alguém em sua vida. E que caminha com este Alguém.

E se caminhamos com esta qualidade do numinoso, alguma coisa vai emanar de nosso ser. Mas esta irradiação, e aí está o ponto de discernimento, não prende a pessoa. É uma irradiação que não nos para mas que nos faz ir sempre além de nós. As pessoas que viveram estas experiências dizem geralmente: "Não sei o que me aconteceu. Não é minha culpa. Há em mim algo mais inteligente do que eu, há em mim uma realidade mais amorosa do que eu, há em mim coisas mais vivas do que eu". Pode-se encontrar estas palavras, às vezes, na boca de um agonizante.

Assim, esta irradiação não vem da força do eu, de sua inteligência, de sua sedução. A cada vez que esta pessoa diz não sou eu, vocês se lembrarão da palavra de João Batista: "Eu não sou. Um outro é o Eu Sou, Aquele que disse: antes que Abraão fosse, Eu Sou. Eu não sou a luz, eu sou o testemunho da Luz". Eu não sou o sol, eu sou a lua. Eu não sou a fonte de luz mas eu espelho a luz. "É preciso que ele cresça e que eu diminua." São Francisco não queria que se apegassem a ele mas a seu Bem-Amado, ao Cristo. O Cristo, ele mesmo, não queria que se apegassem a ele. E quando uma mulher O chama de Bom, ele lhe responde: "Por que você diz que Eu sou bom? Um só é bom. Só o ser é bom. Eu sou apenas a manifestação do Ser. Aquele que crê em mim não é em mim que ele crê, mas crê naquele que me enviou." Esta é uma palavra do Evangelho.

Assim, o próprio Cristo não se propõe como um ídolo que paralisa o nosso olhar, mas como um ícone que abre nossos olhos a partir do visível, para o invisível. Quando se olha uma janela aberta, não se olha a janela mas a paisagem. E o brilho, a irradiação que vemos não é a irradiação da janela em si. O que é preciso olhar é o que está além da janela. Mas algumas vezes, e aí é que precisamos ter discernimento, toma-se a janela pela paisagem. E vocês conhecem certas decorações em que se representa a paisagem, mas é uma paisagem de cartolina. E aí, o que deveria ser um ícone torna-se um ídolo. E o brilho, em vez de conduzir além, torna o indivíduo dependente daquele que o manifesta. Devemos, portanto, ter prudência sobre isso.

Não devemos chamar de mestre pessoa alguma. Não devemos chamar ninguém de Pai. Essa é também uma palavra do Evangelho. Porque um único é o Mestre e um só é o Pai. Somente a realidade da Grande Vida pode dar a vida. E os mestres que nós conhecemos, o pai ou a mãe que nós conhecemos são instrumentos desta Grande Vida. É importante, quando se é pai ou mãe de uma criança, lembrar que nossos filhos não são nossos filhos, eles são filhos da Grande Vida. E que temos que amá-los, que servi-los, em colaboração com esta Grande Vida que nos habita.

O *quarto aspecto* que podemos observar pode nos parecer estranho. É o que Graf Dürckheim chama *a manifestação do inimigo*. Já dissemos que quando falamos de paz, frequentemente, é a guerra que vem. Todos nós procuramos a felicidade e no entanto, na grande maioria das vezes, sentimo-nos infelizes. Isso fazia alguém como Freud refletir. Por isso é que, no final de sua vida, em seu livro *Além do princípio do prazer*, ele nos fala da pulsão de morte. Quer dizer que além do nosso desejo de ser felizes, da paz que é um desejo consciente, existe em nós um impulso inconsciente que destrói nossas aspirações mais belas. Freud explicava isso pela participação do homem na lei do universo, chamada "entropia", eɩ que cada coisa se desagrega. O nosso sistema solar, por exemplo, está em vias de desaparecer. O mundo não é eterno. E há portanto, em nós, como que uma participação neste processo em que tudo o que é composto se decomporá. A isso ele chamará a "pulsão de morte".

Existe também esta intervenção sincrônica de algo que vem se opor à luz que viemos a descobrir. Como se cada coisa que nos é dada atraísse um obstáculo. Vocês podem notar isso nas pequenas coisas. O dia em que vocês decidem ter um tempinho para a meditação, para o silêncio, a não ação, para o desenvolvimento desta dimensão do feminino que evocamos ontem, o telefone não para de tocar. Aparece toda espécie de aborrecimentos dentro e ao redor de nossa casa.

Portanto, é preciso notar muito bem esta presença do obstáculo. A palavra hebraica para obstáculo é *Shatam*. Na tradição dos Antigos Terapeutas não temos que temer o *Shatam*, não temos que ter medo do obstáculo, porque ele é o sinal de que estamos no bom caminho. Este obstáculo vai ser uma ocasião de desenvolver nossa força, uma ocasião de desenvolver a nossa consciência. Os padres do deserto tinham uma visão positiva do negativo que pode nos acontecer. Isto não quer dizer que este negativo é bom, que é um bem, mas quer dizer que podemos fazer alguma coisa dele. E que o obstáculo, que a manifestação do inimigo é uma ocasião para alargar o nosso coração e a nossa consciência.

Portanto, aquele que vive uma experiência do numinoso não deve ficar surpreso se, no seu caminho, algumas vezes se apresentarem obstáculos. É uma ocasião de apelar para o que se revelou nele a fim de atravessar este obstáculo. Nietzsche tinha uma palavra muito forte: "Tudo o que não nos mata nos torna mais fortes". É um pouco radical, mas vocês compreendem o que ele quis dizer. Que se podemos enfrentar, atravessar o obstáculo em nossas vidas, o *Shatam* em nossas vidas, o *diabolos*, que aliás é o que nos divide e que nos dilacera, teremos uma oportunidade de nos tornarmos mais vivos e mais fortes. E é verdade que temos notado na vida dos santos e na vida de alguns sábios obstáculos em abundância. O que nos espanta é a sua maneira de superá-los.

O quinto critério de uma autêntica experiência do numinoso é *o nascimento de uma nova consciência e a prática de uma nova ética*. Graf Dürckheim distingue três formas de consciência.

A *consciência infantil*, que não é a consciência da criança mas a infantilidade. Ela se caracteriza pelo medo da punição e o desejo da recompensa.

A maioria de nós foi educada no medo de punição e no desejo de recompensa. Na linguagem religiosa, alguns pregadores jogaram bastante com isso, falando-nos do horror e do medo que devíamos ter do inferno e do desejo que devíamos ter do paraíso. Como se o paraíso fosse uma cenoura que se coloca diante de um asno para que ele avance. Encontramos isso em diferentes domínios. Por exemplo, no funcionamento de nossa sociedade, com o medo da polícia, com a recompensa por meio de medalhas e troféus.

Os que me escutaram em outras oportunidades lembram-se de quando falamos da importância das espáduas, dos ombros elevados, no simbolismo do corpo. Que a pessoa para afirmar o seu *Ego* frequentemente mantém os ombros elevados. E que o sinal de passagem do *Ego* ao *Self* é sentido, algumas vezes, na postura dos nossos ombros. Porque o centro da nossa afirmação não está mais nos nossos ombros ou nas ombreiras que colocamos em nossas roupas. Mas o centro está sobretudo no coração e no *hara*. A força não está mais apenas no nosso *Ego* mas é a força do ser Essencial.

Portanto, há em nós uma consciência infantil e é preciso observar bem nosso funcionamento, observar nossas motivações e ver o lugar que toma em nós o medo da punição e o desejo da recompensa.

Há também uma segunda forma de consciência. A consciência de pertencer a uma determinada sociedade desenvolve em nós mesmos um senso de responsabilidade. Um senso, ao mesmo tempo, de honra e de fidelidade. Fidelidade à sua família, fidelidade à sociedade na qual nos encontramos. Há pois uma forma de consciência que não é motivada pelo medo da punição ou pelo desejo de recompensa. É motivada pelo senso da responsabilidade e da fidelidade. E esta nós podemos dizer que é uma *consciência de adulto*.

Existe ainda uma terceira forma de consciência que a experiência do numinoso pode despertar em nós. Esta consciência vai solicitar, às vezes, que ajamos de forma contrária à nossa ética habitual, à ética da nossa família ou à ética da sociedade. E como exemplo, sobre esse assunto, há uma palavra muito dura de Cristo. Porque na sociedade judaica é importante enterrar os mortos de sua família. Quando o Cristo diz: "Deixem que os mortos enterrem seus mortos", ele vai mais longe. A consciência que fala nele não é a consciência ética, da religião e da tradição que ele professa. Assim, há determinadas experiências de nossas vidas que nos levam a entrar em conflito com o que para nós parecia ser mais precioso em termos de responsabilidade ou de fidelidade.

Na Bíblia há a estória de um profeta ao qual Deus pede para casar com uma prostituta. Ele duvida do pedido de Deus e no entanto obedece a esta voz interior. E então ele vai compreender, através de um ato pessoal, o que se passa no coletivo. Que o povo de Israel está se encaminhando para a prostituição, para a idolatria, para os valores que o afastam daquele que é, que o afastam do ser essencial.

Assim em nossa vida talvez tenhamos passado por esta crise difícil onde sentimos que o que nos anima não é o medo da punição, não é o desejo da recompensa, não é a fidelidade aos princípios, não é a responsabilidade a respeito de alguns compromissos assumidos mas é a *obediência a uma dimensão interior* que o nosso meio às vezes não consegue compreender.

O discernimento da consciência verdadeira

Para Graf Dürckheim, um obstáculo à consciência verdadeira pode ser a boa consciência. Nós procuramos ter uma boa consciência. A boa consciência é uma forma de segurança, uma segurança para o ego. É a consciência do homem normal e bem adaptado à sociedade. A experiência do numinoso vai questionar esta boa consciência, pedindo-nos para agir, para dizer frases que nós mesmos condenamos. E, como já dissemos, nestes momentos podemos nos enganar, mas não podemos mais mentir para nós próprios. Se nós mentirmos para nós próprios, haverá uma perturbação em nosso interior e somos como que forçados a escutar esta consciência que pode nos colocar em conflito com a nossa consciência habitual.

A este propósito eu penso em uma questão que um discípulo colocava a Santo Tomás de Aquino: "Se o papa me pede para fazer alguma coisa e minha consciência me pede para fazer outra, a quem devo obedecer?" No lugar do papa você pode colocar o seu guru ou outra referência de autoridade. E observamos em nós mesmos se esta pessoa, este pai, este guru ou este papa nos pede para fazer alguma coisa e que, interiormente, sentimos que este pedido não é justo para nós. O que fazemos? O que responderá Tomás de Aquino?

Vocês sabem que Tomás de Aquino foi um grande teólogo da Igreja Romana, que é submetida ao papa. O que ele vai responder? Bom, ele dirá: "Escute a voz de sua própria consciência, tentando esclarecê-la". É importante manter juntas as duas partes da frase. "Escute sua própria consciência" e, neste caso Tomás de Aquino é um bom psicólogo. Porque se ele tivesse dito: "Escute o papa", ele teria tornado esta pessoa um pouco mais esquizofrênica ou mais hipócrita. Esta pessoa fará atos exteriores que não estarão de acordo com o seu íntimo. Há uma desarmonia que em um nível superficial é hipocrisia e em um nível patológico é esquizofrenia.

Então Tomás de Aquino quer dizer: "Escute sua própria consciência. Você pode se enganar mas você não mente a si mesmo. Faça no momento o que lhe parece certo no mais íntimo do seu ser. Mas procure esclarecer sua consciência. Porque o que lhe parece certo pode ser uma fantasia, pode ser uma ilusão. Procure esclarecer a sua consciência. Não se contente com esta certeza interior que você tem, mas interrogue-a, questione-a e descubra o que diz a tradição sobre esse assunto. Ou o que os homens e mulheres sábios podem dizer a esse respeito. Você talvez descubra que o que dizia aquela autoridade estava certo. Mas no momento isto não lhe parece claro. De início seja fiel à sua consciência e a esclareça".

Eu creio que esta palavra pode nos ajudar em certos momentos de nossa vida. Porque nós não sabemos se o que fazemos é certo. E aí fica como que um buraco em nosso interior. Nestes momentos trata-se de ser fiel à nossa consciência profunda e permanecer centrado. Mas não ficar satisfeito e procurar compreender melhor o que nos ocorre. Não é porque escutamos uma voz que nos diz para casarmos com uma prostituta que esta voz será, obrigatoriamente, proveniente de Deus. Pode ser simplesmente um impulso bem animal que nós temos que discernir.

O discernimento da palavra

É por isso que, em seu livro, Roberto Crema[15] retoma o que nós falamos aqui sobre estes diferentes níveis do ser, de onde nasce a palavra em nós. Ela pode nascer de nosso inconsciente pessoal.

---

15. CREMA, R. *Saúde e plenitude* – Um caminho para o ser. [s.l.]: Summus, 1995.

Ela pode nascer do nosso inconsciente coletivo. Pode nascer do inconsciente angelical, lembrando que existem também os anjos negros. O transpessoal não é apenas o transpessoal luminoso. Pode ser também o transpessoal escuro. Há irradiações negras que nos tornam dependentes, que nos destroem.

Como eu lhes dizia há pouco: De onde vem a palavra? É sempre difícil escutar alguém que nos diz: "Deus me disse para lhe dizer que..." Nós temos que escutar ao mesmo tempo a pessoa que nos fala com seu inconsciente pessoal, seu inconsciente coletivo mas também com a inspiração que a anima. E fazer o balanço das coisas. Da mesma maneira com os textos sagrados.

Penso em determinada passagem do Alcorão quando Alá pede ao homem para bater em sua mulher. Será que é Deus mesmo que pede isso? Ou será algo no inconsciente de Maomé? Algo que pertence à sua cultura em um dado momento? Porque vocês sentem bem que se esta palavra é tomada ao pé da letra ela vai fazer muito mal. E com boa consciência se pode destruir alguém. Este é um drama contemporâneo que eu encontrei muitas vezes em Israel e na Palestina – servem-se das Escrituras para se destruírem uns aos outros. Esta atitude vem de um nível de interpretação das Escrituras, porque os sufis quando leem as palavras do Alcorão não as compreendem como um pedido para bater em sua mulher, esta mulher fora deles mesmos. Mas compreendem que é preciso trabalhar e transformar esta dimensão do imaginário que está neles.

Da mesma maneira quando o profeta Maomé diz que nós podemos desposar quatro mulheres, sendo esta uma prática que encontramos em certas partes do mundo, os sufis, em sua interpretação interior, dizem que, diante da realidade, nós podemos desposar diferentes pontos de vista, nós podemos abrir várias janelas para que nosso quarto seja melhor iluminado.

São apenas exemplos que nos lembram que certas palavras que se atribuem a Deus vêm do mais profundo do homem e que este homem em sua profundidade tem um inconsciente. E que este inconsciente nem sempre está bem limpo. A inspiração é como um rio que transporta, também, toda espécie de imundícies. Não se pode olhar apenas as imundícies, é preciso olhar a água viva. E se admirar que no meio de toda esta sujeira do inconsciente pessoal, coletivo, haja ainda água pura, água fresca e que possamos beber desta água.

Portanto, não se trata de condenar todas estas inspirações, mas de discerni-las. E quando lemos em um texto sagrado deve-se ler como uma palavra de Deus, mas não esquecer que este Deus nos fala através dos seres humanos, através da linguagem humana. Repetindo, o infinito nos fala através de expressões finitas. O absoluto nos fala através de seres relativos. Dessa maneira, podemos ter apenas um conhecimento relativo do absoluto.

É por isso que não podemos adorar uma pessoa, um texto sagrado, uma revelação pessoal. Podemos apreciá-los pelo que eles são. E descobrir o que a sabedoria da vida quer nos transmitir através destas mensagens. Assim, este lembrete sobre os níveis da consciência de onde nasce uma palavra e o discernimento que precisamos ter faz parte de um dos sinais desta nova consciência que nasce após a experiência autêntica do numinoso. Isto nos liberta de dois absurdos que nos são muito familiares: o desprezo e a idolatria. Nós passamos a uma outra atitude que é a do respeito.

Respeitar alguém é respeitar seus erros e suas ilusões. Ter bastante amor por ele para dizer-lhe que se engana ou que está em um estado de inflação. Mas é preciso muito amor para dizer a verdade a alguém. E muitas vezes carecemos de amor quando procuramos agradar muito, dizendo a alguém que amamos algo desagradável pelo medo de perdermos sua afeição. Mas nesta nova consciência não se pode separar o amor e a verdade. Não podemos separar a inteligência e o coração. E é quando encontramos, repito, a presença do coração inteligente.

A nova consciência

Esta nova consciência é o despertar de um coração inteligente ou o despertar da inteligência do coração. E então, nesta nova inteligência, o mundo nos aparece diferente.

Conhecemos três palavras importantes: urgente, necessário e essencial. A maior parte de nós vive na urgência. Temos coisas urgentes a fazer. Nós vivemos no necessário. Temos grandes necessidades para nós mesmos, para nossa família, para o país e para o mundo. Mas quando se trata do essencial, da dimensão espiritual da nossa vida, dizemos: "Isto fica para mais tarde, quando eu tiver resolvido estes problemas urgentes. Quando eu for velho, então poderei rezar. Agora não tenho tempo".

O despertar de uma nova consciência vai mudar o sentido dos nossos valores. O essencial passará para o primeiro lugar. Aí também vocês podem observar se na sua vida você dá tempo para o essencial, se você cuida do ser, se você cuida desta parte profunda do seu interior. E então, cuidando do essencial, você encontrará tempo para resolver os problemas urgentes e necessários.

Eu fico surpreso ao ver que Dom Bosco, por exemplo, durante sua vida fez muitas coisas para as crianças e para a sociedade. E passava muito tempo rezando. São Vicente de Paulo todos os dias passava cinco horas em silêncio. E vocês sabem o quanto de trabalho ele fazia junto aos enfermos e aos moribundos. Poderia dar exemplos contemporâneos.

Assim, o tempo que nós damos ao essencial, o tempo que nós damos ao não tempo, o tempo que nós damos à eternidade, vai nos dar a força de executar o que é urgente e necessário. Mas enquanto este despertar da nova consciência não se manifestar em nós, estaremos muitas vezes submersos pelas urgências e necessidades. E não teremos tempo para a eternidade.

Penso sempre neste homem que me dizia antes de morrer: "Fiz muitas coisas urgentes e necessárias na minha vida, mas passei ao largo do essencial. Passei ao largo do que eu sou realmente. Representei o papel de alguém que não sou eu, que não é o meu ser verdadeiro". E o que tinha feito este homem? Tinha feito belas coisas, urgentes e necessárias. Eu tentei fazê-lo compreender que o seu ser essencial estava presente nele. E ele me respondeu: "Sim, talvez. Mas eu não o sinto". E eu creio que temos necessidade de sentir que, o que nós fazemos de urgente e necessário, é habitado pelo nosso ser essencial. E neste momento nossas ações se tornam verdadeiras. Elas expressam o que nós realmente somos.

Vocês sabem a distância que pode haver entre o que nós fazemos e o que nós dizemos. O espaço que pode haver entre o que nós dizemos e o que nós pensamos. E a distância que pode haver entre o que pensamos e o que somos. No caminho ao qual somos convidados pelos Terapeutas de Alexandria, por Graf Dürckheim e por Francisco de Assis, é-nos pedido que haja cada vez menos descompasso entre o que somos e o que pensamos, entre o que pensamos e o que dizemos, entre o que dizemos e o que fazemos.

Esta é uma longa caminhada. Mas a experiência numinosa nos lembra que isto é possível já que durante um instante, durante um instante de verdade, nosso ser exterior e nosso ser interior não estiveram separados. Nosso ser existencial, a sua ação e a sua justiça expressavam nosso coração, nossa inteligência. Éramos uma manifestação do nosso ser essencial.

Eu me sentiria muito feliz se Leonardo evocasse para nós, neste momento, a face de discernimento e esta harmonia entre o ser exterior e o ser interior, tal como ela se manifestou em São Francisco de Assis. Lembrando que isso ocorre na vida de cada um e não está reservado a São Francisco, a Dom Bosco, a Santa Teresa ou a outra pessoa.

Penso em uma história dos padres do deserto. Quando nós chegarmos ao paraíso não nos será perguntado se nós fomos como São Francisco, se nós fomos como Santa Teresa, se nós fomos como o Dalai Lama (um homem por quem eu tenho muito respeito), como o Ramana Maharishi ou como diferentes pessoas que, para nós, são arquétipos que iluminaram o nosso caminho. Não nos será perguntado se fomos como estas pessoas. Mas nos será perguntado: Será que fomos nós mesmos?

Não se pede maçãs a uma ameixeira, pede-se ameixas. Cada um de nós tem a produzir os frutos de sua própria árvore. E a vida dos santos é como uma inspiração, não para serem imitados ao exterior mas para compartilhar a seiva que os animava, para respirar o sopro que os inspirava. Assim, o sopro de São Francisco está aqui conosco para inspirar o nosso próprio sopro. Mas nós somos remetidos à nossa própria aventura.

5.2 O numinoso e o discernimento em Francisco de Assis

Leonardo Boff

> "Deus altíssimo e glorioso, vem iluminar as trevas do meu coração.
> Concede-me, Senhor, a fé verdadeira, a esperança firme e a caridade perfeita.
> Concede-me o sentido penetrante e a clara visão necessária para cumprir tua santa vontade, que não me poderia perder.
> Amém."
>
> *Francisco de Assis*

Vou tentar mostrar a relação entre o numinoso, sua irradiação e o discernimento em São Francisco de Assis.

A integração dos opostos

Penso que São Francisco é uma das figuras extremamente solares do nosso panteão espiritual, porque ele conseguiu sacramentalizar todo o universo. Ele conseguiu ver a Deus, ao Cristo, à graça em cada detalhe da vida, em cada elemento da natureza, mesmo naquelas circunstâncias e situações mais sombrias, não só da doença e da morte que já consideramos, mas também da tentação e do profundo silêncio, eu diria quase desespero interior. E de, no final de sua vida, não saber qual era o seu caminho. Os franciscanos sempre ocultam esta dimensão de São Francisco. Eles acham que não é bom dizer que um santo, no final da vida, no auge de sua plenitude, quase sucumbiu em tentação. Mas eu digo que é a sua glória e não um desdouro, porque revela sua profunda humanidade. Ele resgata a grandeza do ser humano e a graça de Deus a partir dos infernos. É um santo modelar, arquetípico, na integração do negativo na existência humana. Ele nos ensina como fazer das dimensões negativas, sombrias, caminhos de encontro com Deus. Não só o caminho da virtude, o caminho da ascensão de glória em glória. Também os caminhos do descenso, da descida, da decepção, do pecado pessoal, das limitações são caminhos para encontrar Deus. Porque, finalmente, Deus está presente tanto no Cristo que está na cruz, sofrendo e gritando "Pai, por que me abandonaste?", como está presente na ressurreição e nos raios de sua glória. Como São Francisco chegou a isso? Detectar esse caminho é importante para nós e não o lado descritivo e laudatório.

Quando passou no Brasil o filme *Irmão sol, irmã lua*, de Franco Zefirelli, em Petrópolis e nos nossos conventos bateram dezenas de jovens. Estavam encantados com o filme, com aquela história de inocência e beleza. Certa vez fomos procurados por um grupo de uns 15, meio hippies, metidos com drogas e marginalizados, que vieram ao convento para serem frades. E eles diziam: "Queremos ser frades. Vejam, eles venderam todas as coisas que tinham. Isto é muito extraordinário!" E vieram a nós.

Nós lhes dissemos: "Meus irmãos, respondam-nos a uma só pergunta e aí poderemos decidir se vocês entram ou não no convento: Vocês estão dispostos a fazer um caminho de penitência, de jejum, rezando e chorando por meses e anos, buscando Deus sem encontrá-lo? Vocês têm a coragem de tirar as cataratas que estão em cima dos seus olhos para ver a realidade em sua inocência? Porque nós vemos a realidade sempre na categoria bem e mal. E o santo está além do bem e do mal, porque vê Deus penetrando e empapando toda a realidade. Se vocês estiverem dispostos, então as portas estão abertas". Eles nos responderam: "Mas como? No filme *Irmão sol, irmã lua* não se fala em nada disso".

Ao que nós lhes respondemos: "É aí que está a ilusão, meus irmãos. Porque São Francisco chegou à transfiguração e a cantar seu cântico ao Irmão Sol dois anos antes de morrer. No fim da vida, não em seu começo. Quando ele já estava doente, cego, e nem mais via o sol que estava cantando. O sol que ele canta é um outro sol, é o sol de dentro, do coração redimido. A vibração, a lua, o fogo, a água, são os arquétipos da totalidade, da integração, que vem depois de um longo percurso. Quando você fica totalmente puro e quando você volta ao paraíso perdido e o recupera, você se torna um novo Adão, torna-se inocente. Se vocês estão dispostos a isso, neste momento, mesmo ainda sem a certeza de alcançar a meta, então tudo bem". Aí eles voltaram as costas e foram embora dizendo: "Estes aí são teólogos que não entendem nada". Lógico, radicalizei um pouco para evitar ilusões, para testá-los na seriedade da busca.

O primeiro passo que São Francisco dá, e os textos são claros nisso, é a reeducação do eu. Ele coloca claramente: "A meta suprema da minha vida é o autodomínio sobre todas as minhas paixões". Como todos os místicos e santos ele é profundamente realista. Nós somos habitados por Deus e pelo demônio, pela graça e pelo pecado. Pelo velho Adão pecador e pelo novo Adão Jesus Cristo. Quem não sabe disto está equivocado no seu caminho espiritual.

Inicialmente Francisco tem que lutar contra si mesmo. Nós não somos inocentes. Estamos perdidos do caminho reto. Dante, escrevendo a *Divina comédia*, faz a grande travessia das três noites, inferno, purgatório e paraíso. No *Canto primo*, 3º verso, diz esta frase: *Che la diritta via era smarrita*, isto é, sentia-se afastado do caminho reto, do caminho da virtude. Mas Dante teve uma alma inspiradora, o caminho feminino de Beatriz que o levou de noite em noite até chegar à transfiguração no céu. Lutando contra si mesmo como Francisco fez.

Ele tinha um amigo íntimo, que era o seu irmão gêmeo, seu irmão de alma, Frei Leão. Frei Leão foi encarregado por Francisco para todos os dias gritar em seus ouvidos: "Oh irmão, Francisco, praticastes tanto mal, cometestes tais pecados que és digno do inferno".

Quando um dos frades lhe perguntou: "Francisco, o que você acha de si mesmo? Porque as multidões acham você um santo, um santo taumaturgo, que fala com os passarinhos, fala com os peixes, todos os animais lhe obedecem, o que você acha de você mesmo?" Ele responde: "Acho que sou o maior dos pecadores, porque se Deus tivesse demonstrado a algum criminoso toda a misericórdia que teve comigo, ele seria dez vezes mais espiritual do que eu". Quer dizer, ele tinha a percepção de sua nulidade, do seu vazio, de que por mais que fizesse nunca se acercaria desta meta que ele entrevia no seu desejo, na sua busca. E os textos estão cheios de frases onde ele reconhece sua distância de Deus. Mas isso não o amargura e desanima. Faz da sombra um caminho de descoberta da luz.

Francisco faz a integração do negativo de tal maneira que termina por produzir alegria e esperança. Em primeiro lugar, esta integração do negativo é uma bofetada na nossa dimensão narcísica. Por isso, é fundamental na nossa ascensão a Deus.

A aceitação da sombra

Conviver com a nossa sombra. Se nós não convivemos com a nossa sombra somos caolhos, vemos com um olho só, somos divididos, não incorporamos nossa outra metade e acabamos sendo cruéis e sem piedade para com os outros. Duros, cobradores e torturadores. Porque só buscamos a luz, o brilho, a virtude, quando a santidade não é unilateral. Não é como uma flecha que vai direto ao alvo. É como um círculo onde se integra tudo, a partir de um núcleo profundo que vai se criando, que vai atraindo os anjos bons e os anjos ruins.

Os mestres do taoísmo na China mostram o monge sábio que chegou à sua plenitude, em cima de um leão bravio, conduzindo-o com uma vareta. A explicação que dão é que o leão é o próprio bonzo, é o próprio monge. Ele domesticou a virulência do leão de tal maneira que, com um toque de vareta, o conduz para onde quer. Ele é o leão, o leão domesticado. Ele não tirou a virulência do leão, não cerrou os seus dentes, não fez exercícios espirituais para que o leão não devorasse as ovelhas, porque é da sua natureza ser o que ele é. Mas ele integrou sua força de forma benfazeja.

Importa acolher nossa sombra, a nossa pequenez, a nossa mediocridade. Eu, Leonardo Boff, posso ser criminoso, adúltero, bandido. Isto está dentro da minha virtualidade. São Francisco estava morrendo e advertia: "Não me chamem de santo, porque eu ainda posso me recuperar, abandonar tudo, casar e ter muitos filhos". Mas a condição de sermos adultos, humana e espiritualmente, é de assimilarmos essa dimensão diabólica junto com a dimensão simbólica. Pertence ao processo de individuação, de personalização, a incorporação de ambos os lados.

Canalizar essa energia poderosa para um projeto de verdade e autenticidade como o cristianismo, eis o desafio! O caminho espiritual propõe o cristianismo como um caminho de grande bondade, compaixão extrema e infinita abertura a Deus e aos demais. Importa deixar o projeto infinito do ser humano sempre aberto, porque o ser humano é um projeto infinito. Não fechá-lo, não estrangulá-lo com ideologias, com visões reducionistas do mundo, com tipos doentios de santidade, com formas estreitas de compreensão. O ser humano é um projeto infinito que só tem, como polo de referência, o infinito de Deus.

Nesse caminho espiritual há luz e sombras. Os obstáculos nos obrigam a nos autossuperar. Como dizia Nietzsche: o que não nos mata nos fortifica.

Encontrei uma pessoa que dentro de um ano teve muitas perdas. Perdeu o pai em um acidente, cinco meses depois perdeu o filho de 22 anos, três meses depois teve a casa destruída por um incêndio, 9 meses após, um filho foi internado com esquizofrenia grave e a empresa, da qual vivia, foi à falência. Tudo dentro do mesmo ano. Fui lá para consolá-la. Abrimos o Livro de Jó e lemos juntos a primeira página. Lemos que a função do satanás, do *diabolos,* é, em nome de Deus, testar a força do ser humano, de Jó. Satanás pede licença e Deus diz: "Olhe, você pode fazer tudo com Jó. Mas não o mate." Esta pessoa fechou a Bíblia e disse: "Pronto. Estamos vivos. Não precisa nenhum comentário. Vamos recomeçar, vamos fazer tudo de novo, vamos aprender deste sofrimento". O Livro de Jó nos ensinou o que Nietzsche escreveu séculos depois.

Francisco se percebe pecador e se chama sempre, a toda hora, de "eu, miserável, vermezinho, mísero e fétido, mesquinho e vil". Nas minhas discussões com o Vaticano terminava as cartas assim: *Frater, teologus minor et pecator*, isto é, frade, teólogo menor (porque eles são os grandes teólogos) e pecador. Uma vez um cardeal inquisidor me disse: "Você escreveu isso? Você é pecador mesmo!"

Eu lhe respondi: "Sim, sou. Está escrito aí. Eu sou pecador. E me admira muito que o senhor cardeal não se reconheça um irmão meu no pecado".

A crença na misericórdia divina

Simultaneamente e aqui está o novo da experiência cristã. Francisco tinha a intuição imediata de que, por cima desse pântano, experimenta-se a compaixão de Deus. O grande samaritano divino acolhe a pessoa e a perdoa superabundantemente. Deus é essencialmente compaixão, misericórdia. E daí nasce imensa alegria que integra o negativo com jovialidade, com humor. Porque a última palavra de Deus não é a morte, não é castigo, não é cruz. A última palavra de Deus é vida, é perdão, é jovialidade, é reconciliação para além de todos os opostos. Esta é a novidade da experiência de Jesus. Ela é gêmea da experiência budista, do Deus compassivo, do Deus que tem entranhas, do Deus misericordioso.

Deus não é simplesmente Javé, o criador, o Pantocrator, o Senhor dos Exércitos. Não! É o Deus que corre atrás do filho pródigo, que procura a moeda perdida, que se alegra mais por uma ovelha que reencontra e coloca em seus ombros, pecadora, extraviada e machucada, do que por 99 que estão no céu. Isto é um escândalo para toda a razão analítica e para todas as religiões. Nós colocamos pecadores para fora da igreja ou os empurramos para o confessionário. E Jesus diz: "Os pecadores são amados pelo Pai, estão no meio do sacrário, junto à hóstia consagrada. Lá é o lugar deles, para aí experimentarem misericórdia". Esta é a experiência que Jesus nos comunicou. A experiência do Deus que ama os ingratos e maus. Como São Francisco amou.

Jean-Yves dizia muito bem que o arquétipo da reconciliação, da totalidade humano-divina, encontra em Buda, em Cristo e em Francisco uma grande expressão. Eles se movem no meio do núcleo energético anímico, da profundidade abissal do ser humano. Por isso, eles são evocadores, são mestres, são seminais. Precisamos, continuamente, visitá-los e aprender deles. Nós vivemos, passamos ao largo e depois de algum tempo ninguém mais nos lembra. Mas eles não. Eles nos ajudam a buscar o nosso próprio centro e a descobrir esse lado numinoso, onde o simbólico se une ao diabólico. Mas onde o simbólico, a vida, a reconciliação têm a última palavra. Não a fratura, não o velho Adão, mas o novo Adão. Este Novo Adão que é cada um de nós na sua dimensão infinita.

Os efeitos da irradiação

Esta reconciliação produz em São Francisco, como primeiro efeito, como irradiação, uma grande *capacidade de escuta*. A palavra escuta tem que ser entendida como os medievais entendiam: *obediência*. Ele quer ser obediente a toda criatura humana. Obediente aos animais, às formigas, às árvores, obediente a todos. Obediente até ao mau guardião, ao inimigo. Para nós, modernos, escutar esse discurso parece um equívoco, porque tivemos a cultura da emancipação, a cultura da libertação. São Francisco vai à origem essencial dessa palavra. Obediência vem de *ob-audire*, escutar atentamente. Não é simplesmente escutar, mas é escutar atentamente a mensagem que vem da realidade. Então, o primeiro efeito da reconciliação dele entre a negatividade e a misericórdia é a capacidade de escutar, de aprender, de dialogar, de captar a mensagem de toda a realidade.

A obediência, neste caso, não deve ser entendida no sentido moral, de fazer a vontade do outro e de submeter-se a ele. Mas sim de submeter o nosso eu, a nossa voz, à voz que vem da mais alta realidade, do coração das coisas. Por isso, quem lê a poesia de São Francisco se dá conta de que não é um romântico *avant la lettre*, isto é, sua poesia não nasce dos movimentos do eu subjetivo, mas do *Self*, da escuta da mensagem que vem da realidade. Ela capta a mensagem que vem da estrela, da ovelha que pasta lá fora, da criancinha que caminha, da lesma que vê tentando atravessar o caminho com dificuldade e que ajuda e protege para que ninguém a pise. Quer dizer, ele capta a mensagem ontológica, aquilo que a realidade produz e não o que a subjetividade cria e projeta.

O ser humano é aquele que pode escutar com atenção. E, quando ele escuta, não só interioriza mas se soma, entra em comunhão com a realidade. Põe em prática o que a tradição platônica, agostiniana, pascaliana diz e que é válido até hoje: nós só vemos bem com o coração, nós só entendemos o que amamos. Porque amar é fazer a comunhão com o outro, é unir-se com o outro.

São Francisco se coloca na escuta e por isso canta. Canta com todas as coisas. Quando vê uma pedra diz: "A pedra é Jesus Cristo que é a pedra angular". Vê uma ovelhinha passando e diz: "É o Cordeiro de Deus". Vê uma árvore e diz: "É a árvore da vida!" Cada coisa evoca nele o mistério. Por isso, o seu mundo é sacramental, isto é, fala de Deus, do ser essencial.

E nos deixa de herança, no cristianismo, uma coisa curiosa. Começa a rezar fora das igrejas e dos mosteiros. Chama os frades para rezar os ofícios divinos embaixo das árvores, dizendo: "Vamos unir os nossos ofícios divinos ao canto das cigarras e dos passarinhos". Às vezes a zoada dos passarinhos era tão grande que ele pedia para que cantassem mais baixo. E os textos repetem que os passarinhos obedeciam e, só depois que os frades terminavam de cantar, eles reiniciavam sua algaravia.

Um dos exercícios da espiritualidade franciscana que se inicia no noviciado e se faz ao largo da vida, é o famoso exercício dos cinco sentidos, que vem desde Orígenes. É o exercício de afinar o ouvido de tal maneira que você está falando aqui e escuta a criança chorando e o passarinho cantando lá longe. Quer dizer, ser total em cada coisa. Depois o exercício para os olhos, captar tudo, a nuança de cada cor. Sentir a pele, o vento, o calor e o frio, com todas as nuanças. O sentido que está menos desenvolvido em nós é o olfato. Esta é a mística de interiorizar e de transfigurar a realidade a partir dos sentidos. Eles são as janelas que dão passagem de dentro para fora, de fora para dentro, espiritualizando nossas percepções.

O templo no caminho

São Francisco renunciou a duas coisas. Primeiro, à vida religiosa nos mosteiros e segundo à estabilidade em um só lugar. Renunciou à paróquia, à diocese, à capelinha, aos conventos onde se vive o projeto religioso. São Francisco deixou claro que a sua espiritualidade, a sua busca se realizava no meio dos homens, nos caminhos. "Onde eles estão, na poeira dos caminhos, aí estaremos nós."

Ele não convida os seres humanos a virem ao espaço sagrado. O sagrado cada um carrega dentro de si. Ele vai aos seres humanos, *evoca o sagrado que está neles*. Onde eles estão: na rua, debaixo de uma árvore, na fábrica, aí se oferece a oportunidade de espiritualização.

F. conseguiu licença do papa, porque nenhum bispo a concedia, para que os poucos padres franciscanos levassem a "ara"[16] na sua sacola. Onde ele estava, lá no meio do povo, colocava a ara sobre um altar improvisado, cobria com um paninho e celebrava. Até hoje essa prática é um privilégio dos irmãos mendicantes, dominicanos e franciscanos.

Esta é a espiritualidade de São Francisco. Escutar tudo porque tudo irradia uma mensagem. Por isso, a terra é o templo de Deus

---

16. A ara é uma pedra, com a relíquia de um santo, que tem no meio de todos os altares e que é exigida para que possa haver a celebração.

e cada ser humano é sagrado. O sagrado não é uma coisa, é uma atitude de veneração, de respeito face ao numinoso. E se há uma coisa mais civilizatória em São Francisco, talvez seja esta: de *evocar nas pessoas humanas*, a partir de dentro, *a cortesia, o* esprit de finesse*, o respeito e a veneração*. Isso era tão forte nele, que ele respeitava a todos, dos bichinhos que estavam doentes aos pobres e leprosos, papas e reis.

Quando um frade tratava mal a um leproso, tinha por castigo desnudar-se. Nu, diante do leproso, pedia-lhe perdão, beijando-lhe os pés. Por quê? Porque o pobre é o mais penalizado e é o mais denso sacramento do Cristo crucificado. Amar o pobre real, não o pobre idealizado, o pobre desdentado, que diz palavrão e que às vezes não quer pão mas dinheiro para embriagar-se, é acolher o Cristo que nos visita.

A arte de escuta do negativo tem como resultado, em São Francisco, essa *suavidade* que se nota em toda sua prática, essa *capacidade de incluir*, de sintetizar até o mais longínquo, o mais distante. Até o papa, a quem ele se refere como o Senhor Irmão Papa, mesmo que seja por ele incompreendido. E pede que os frades o respeitem, a ele e a todos os seus sucessores.

A verdadeira alegria

Vou referir um dito de São Francisco que encontra, como se sabe, um similar dentro do budismo. É a questão da *perfeita alegria*. Frei Leão perguntou: "O que é a verdadeira alegria?" Frei Leão era aquele amigo com quem Francisco sempre estava, com quem ia pelos caminhos e a quem ele chamava de "a ovelhinha de Deus". Então ele diz: "Será que a verdadeira alegria consiste em ser missionário, converter todos os infiéis e sarracenos e fazê-los cristãos?" São Francisco diz: "Esta não é a verdadeira alegria". Frei Leão: "Será a verdadeira alegria ser um profeta da palavra ardente, que convence a todos da verdade de Deus? Não será isso a verdadeira alegria?" São Francisco diz: "Não, esta não é a verdadeira alegria". Retruca Frei Leão: "Será então que a verdadeira alegria não é ser um taumaturgo que faz milagres, que transforma pedras em pão, que sacia a fome de todos os pobres do mundo inteiro, não será esta a verdadeira alegria?" São Francisco responde: "De longe, esta não é a verdadeira alegria". Frei Leão: "Será que a verdadeira alegria não é você se encher de tanto amor pelos pobres e sofredores que você entrega até o seu corpo à chama, à perseguição e ao martírio?" São Francisco diz: "Não é a verdadeira alegria. Meu irmãozinho Frei Leão, se você chegar comigo em nosso conventinho, em nossa comunidade, saindo de uma tempestade de neve, e ao chegar na portaria tocarmos a campainha e o porteiro, nosso irmão, com quem vivemos há muitos anos, disse-nos: 'Eu não vos conheço! Ladrões, bandidos, exploradores de pobres, fora daqui!' E não só nos expulsa da portaria, mas nos derruba ao chão, joga-nos e nos arrasta na neve aos sopetões e coices..." E aqui eu quero ler para vocês um trechinho de suas próprias palavras: " ...E ainda se ele pegar o bastão e nos bater de nó em nó, dando-nos golpeadas. Se todas essas coisas suportarmos (porque é verdade que somos ladrões, bandidos) com paciência e alegria, é aí que está a verdadeira alegria". E São Francisco diz mais (eu quero ler para que seja muito preciso): "Acima de todas as graças e de todos os dons do Espírito Santo, os quais o Cristo concede aos amigos, está o vencer-se a si mesmo e, voluntariamente, pelo amor, suportar trabalhos, injúrias, opróbrios, desprezo. Porque de todos os outros dons de Deus não nos podemos gloriar por não serem nossos. Mas na cruz da tribulação, de cada aflição, nós podemos nos gloriar, porque só isso é nosso". A negatividade, se nós a acolhermos, então estamos na verdadeira alegria.

Alegria, biblicamente, é o Espírito Santo que irradia, que se manifesta e que está presente na nossa vida e na nossa história. Essa alegria representa um desafio fantástico para qualquer antropologia.

É tolerarmos que falem mal de nós, que nos persigam e agridam, renunciando a qualquer autodefesa. É poder conviver com essa negatividade e ser mais forte que ela. É crer na força interior da luz. Um pouco de luz que eu acenda de noite, brilha por ela mesma, faz o seu caminho e encontra sempre um olho atento para captá-la, um ouvido para compreendê-la.

Às vezes quem está batendo em Francisco não é um assaltante, um pivete de rua. É um confrade que o conhece e que golpeia e o abandona no frio. Ele diz: "Eu acolho isso. Sou mais forte que essa contradição". Ele não pede a Deus para livrá-lo das ondas perigosas. Mas pede: "Dá-me forças para ser mais forte que as ondas". Não pede para ficar na praia, tranquilo, numa sesta espiritual. Diz: "Leva-me ao mar alto, perigoso, porque sou mais forte que as ondas, porque tenho Deus que me conduz".

A fé tem como oposição não o ateísmo e a negação de Deus. A oposição da fé é o medo. Quem tem fé não tem medo. Os medievais distinguiam a fé útil da fé preciosa. *Fé útil* é quando eu peço a Deus que me abençoe, proteja-me, dê-me saúde, inteligência. É uma fé útil para mim. Eu peço a Deus e ele tem que vir me ajudar. A fé útil não é uma fé plena, uma fé de verdade. A fé bíblica, a fé de Jesus, a fé dos pais da fé – Abraão, Isaac, Jacó, Isaías – é outra. Esses testemunham a fé preciosa. A *fé preciosa* é quando você nada pede a Deus. É a fé-gratuidade. Entrega-se a Deus, porque descobre quem Deus é – o Pai e a Mãe de bondade. Esta fé tem como efeito a serenidade, a absoluta segurança, porque você se confiou, entregou não só a sua mente, mas seu coração, seu corpo, sua vida. É a fé preciosa. Tem como efeito a superação de todos os medos e, por acréscimo, advém a alegria, a jovialidade, a leveza na vida.

É de São Francisco esta frase: "O santo triste é um triste santo". E ele dizia: "Quer ficar triste? Vá para o seu quarto. Chore lá dentro. Mas enquanto eu estiver aqui tem que ficar alegre". Por quê? Porque Deus nos ama, perdoa-nos por piores que sejamos.

Depois que o Senhor ressuscitou não há motivo nenhum para ficarmos tristes. Porque triunfou a síntese, a vida, a totalidade possível ao ser humano.

Francisco viveu essa *radicalidade da dimensão da fé preciosa*. Não a fé como ato mas como atitude, como totalidade da entrega. Estamos integrados. Viramos pai e mãe de nós mesmos. Chegamos à madureza da fé. À maturidade humana e espiritual. Estamos na casa de Deus, Pai e Mãe. E estamos na alegria de quem está em casa.

Imitando Francisco, que até na hora de sua morte cantava com alegria, proponho que cantemos a *Oração de São Francisco* e que, em seguida, recebamos a sua bênção:

"Senhor, fazei-me um instrumento da vossa paz.
Onde houver ódio que eu leve o amor.
Onde houver ofensa que eu leve o perdão.
Onde houver discórdia que eu leve a união.
Onde houver dúvidas que eu leve a fé.
Onde houver erro que eu leve a verdade.
Onde houver desespero que eu leve a esperança.
Onde houver tristeza que eu leve a alegria.
Onde houver trevas que eu leve a luz.
Ó Mestre, fazei que eu procure mais
Consolar que ser consolado;
Compreender que ser compreendido;
Amar que ser amado.
Pois é dando que se recebe;
É perdoando que se é perdoado;
E é morrendo que se vive para a vida eterna".

Bênção de São Francisco

Que o Senhor vos abençoe e vos guarde. Que o Senhor vos mostre a sua face e se compadeça de vós. Que o Senhor volva para vós o seu rosto e vos dê a Paz. Que o Senhor vos abençoe em nome do Pai, do Filho e do Espírito Santo.

Capítulo 6

6.1 Reflexões, perguntas e respostas

> "Não busque por enquanto respostas que não lhe podem ser dadas, porque não as poderia viver. Pois trata-se precisamente de viver tudo. Viva por enquanto as perguntas. Talvez depois, aos poucos, sem que o perceba, num dia longínquo, consiga viver a resposta."
>
> *Rainer M. Rilke*[17]

Reflexão de Roberto Crema

Durante o simpósio sobre o Espírito na saúde, lembrei a vocês uma afirmação de Abraham Maslow, muito pertinente, de que num certo sentido apenas os santos *são* a humanidade. A música que ouvimos durante este seminário está nos apontando na direção da descoberta do ser humano, que o século XXI nos reserva. Talvez o ser humano seja a maior descoberta do próximo século. Finalmente nós desvelaremos esta utopia, este não espaço que haverá de existir para permitir ao homem florescer em sua plenitude.

Eu gosto de confiar que em uma educação mais saudável e num futuro breve farão parte das pesquisas escolares as vidas destes homens e mulheres que lograram realizar o que são, ou seja, aqueles que realizaram a promessa inerente ao ser e que puderam dar testemunhos de serem filhos e filhas unigênitos da grande vida.

---

17. RILKE, R.M. *Cartas a um jovem poeta.*

1. Gostaria de fazer duas reflexões: a) Uma reflexão pertinente a Leonardo Boff. Sobre um escritor chamado Luís Jardim que na década de 1950 e através da Editora José Olympio publicou dois livros para crianças: Travessuras do Menino Jesus e Aventuras do Menino Chico de Assis, colocando Jesus e Chico no sertão pernambucano. b) A primeira manifestação brasileira de arte é dada pelas Igrejas de São Francisco de Assis em Ouro Preto, Chico de Baixo e Chico de Cima. É quando o Aleijadinho, no auge do seu sofrimento físico e também de sua genialidade, descreve a vida de Francisco no risco da igreja, na fachada e em seu interior, procurando artisticamente a economia dos rebuscados e encontrando a essência fundamental. Aleijadinho inaugurou o barroco brasileiro.

Leonardo Boff: Fico feliz por esta observação porque eu acho que Francisco de Assis é um dos formadores da alma brasileira. Quando o papa esteve aqui, construíram uma igrejinha no Rio, na favela do Vidigal, e fizeram um plebiscito entre os moradores para saber que nome dar a ela. São Francisco ganhou de Jesus e de Maria.

Temos o São Francisco das Chagas, o São Francisco do Canindé, o São Francisco Passarinheiro, sempre com esta imagem de leveza e de inocência, deste poder não destruidor. Por isso, coloquei como título do meu livro sobre São Francisco: *Francisco: ternura e vigor*. A ternura é o lado feminino e o vigor o lado masculino. Ele soube combinar ternura e vigor. Por isso, é extraordinária a síntese e a irradiação que ele produziu. Se fosse só vigor seria machista demais e se enrijeceria. Se fosse só ternura, seria mole demais, seria carne sem esqueleto. Francisco combina carisma e poder, ternura e vigor e com isso, junto com Jesus, desafia as igrejas e a cada cristão.

Jean-Yves: Hoje é o dia das crianças. Não podemos nos esquecer que, no pensamento de Jung, um dos sinais de que o processo de individuação começou em nós é que começa a aparecer em nossos sonhos o arquétipo da criança divina.

Na interpretação junguiana, quando vocês sonham que estão parindo uma criança ou que uma criança habita em vocês, é o sinal que, de agora em diante, sua existência passa do nível do ter para o nível do ser. Não se trata de ter mais riqueza, mais conhecimento, mais relações, mas se trata de ser mais. O que está para nascer dentro de nós simboliza, através desta criança divina, a própria presença do ser.

É uma nova orientação dada à nossa vida que se torna mais e mais livre em relação ao ter e se aproxima da presença do ser. Não se está mais em um processo de afirmação do eu que era necessário para se diferenciar do meio e de seus pais, mas se entra em um processo de relativização deste eu, para deixar crescer o *Self*. "É preciso que ele cresça e eu diminua." O eu diminui para deixar crescer o *Self*. Este arquétipo da criança divina é o símbolo de um novo nascimento em nossa vida. Este nascimento do homem novo é uma bela sincronicidade, quando celebramos, no dia de hoje, a festa das crianças.

Roberto Crema: Além do dia das crianças, 12 de outubro é o dia de Nossa Senhora Aparecida, padroeira do Brasil e de Brasília. Comemoramos o arquétipo da Grande Deusa e durante todo o dia de hoje enfatizamos a importância do feminino. Então unimos os dois arquétipos, trazendo a criança divina para o colo da Grande-Mãe.

Jean-Yves: Não há criança divina sem mãe divina...

Pierre Weil: Há uma história de um rabino que fala do Gênesis a um discípulo. E diz: "No princípio Deus criou o céu e a terra. No primeiro dia Deus criou a luz e viu que a luz era boa. No segundo dia Deus criou o firmamento, separou as águas e viu que o que fizera era bom". E continua assim contando a história da criação do mundo, até a do homem. O discípulo pergunta: "Rabi, Deus criou todas as coisas vendo que eram coisas boas. Entretanto quando ele criou o homem não disse que era bom. Por quê?" O rabino respondeu: "Porque o homem ainda está em criação".

2. Poderíamos imaginar que Jesus foi o homem que se fez Deus, na divinização do humano, assim como Francisco mostrou ser possível. O homem divinizado deixa de ser uma referência de iluminação para ser a própria possibilidade de luz.

Leonardo Boff: Esta reflexão é muito pertinente e é importante retomá-la no sentido da terapêutica que aqui nos interessa.

Na história das ideias teológicas há duas grandes tradições referentes ao entendimento do mistério do Cristo. São as tradições da Escola de Alexandria e da Escola de Antioquia. Talvez o Jean-Yves as explique melhor, porque ele conhece bem a nossa tradição e a tradição ortodoxa.

A Escola de Alexandria tem Platão como mestre de referência, além dos neoplatônicos e de Fílon que já conhecemos. Eles se centram no ser essencial. A Escola de Antioquia tem Aristóteles como guia, um pensamento mais no ser humano e em sua razão.

Curiosamente, Santo Tomás de Aquino e o franciscano São Boaventura, dois mestres medievais, em suas sumas teológicas sintetizaram para a Igreja as duas tendências e mostraram suas diferenças. Eu mesmo me situo dentro de uma delas e publiquei vários textos sobre isso, entre os quais *Jesus Cristo libertador*.

A Escola de Alexandria tem Deus como centro. É o Deus que desce, vem e se encarna, o Deus que se humilha. Tem a grandeza de mostrar o descenso de Deus. Deus se apaixona por aquilo que ele criou e se acerca do ser humano com simpatia. A palavra que eles usam é simpatia mesmo. Deus sente o ser humano, apaixona-se por ele e se encarna.

A outra escola acentua muito o ser humano. Aristóteles é o homem da ciência, da história, da razão. Descobre o ser humano não só na factualidade bruta de como ele se apresenta empiricamente, mas no seu caráter potencial, de ter uma abertura para o infinito. O ser humano vai ascendendo passo a passo até irromper para dentro de Deus.

No meu livro *Jesus Cristo libertador* trabalho com esta hipótese. Por isso, o capítulo 10 tem como título: "Humano assim, só

Deus mesmo". Quer dizer, Jesus vai mostrando tanta humanidade, tanta capacidade de relação, de interiorização, de convivência com o mais distante, com o inimigo, com o perseguidor, com quem o crucifica na cruz, com o próprio Deus que o abandona (ele grita: "Por que me abandonaste?"), numa experiência do inferno existencial. Jesus assume este abandono e chega ao vazio total. É a crise da própria fé ao sentir-se abandonado por aquele que o suportava. De repente Deus também desaparece.

Jesus assume seu desespero. Os místicos, São João da Cruz especialmente, conhecem "a noite horrível e tenebrosa do espírito", onde se blasfema contra Deus e se acha que ele já não existe. E Jesus também passou por essa noite. Mas sua última palavra é: "Pai, em tuas mãos entrego o meu Espírito". Criou o total vazio para permitir que surgisse a plenitude total. Como dizia Jean-Yves, como um cálice que você esvazia, tornando-o completamente vazio, limpando-o, polindo-o, para poder receber o máximo de conteúdo.

Para mim, a ressurreição é a suprema resposta de Deus ao total vazio de Jesus. O vazio para permitir a plenitude, a noite para permitir a luz. E então nasce o novo, o *Novissimus Adam*, o Novo Adão. Há um processo de ascensão do ser humano, de divinização, radicalizando a sua humanidade. O radical do ser humano já não é mais humano, é divino. A ressurreição mostra isto. O ser humano é então Deus por participação e por comunhão.

As duas escolas vivem em disputa uma com a outra. A que predominou no catecismo e na liturgia foi a escola de Alexandria, tomista, de Tomás de Aquino, na qual o Verbo vem e se encarna. A escola de Antioquia é da tradição franciscana. Nós conseguimos dos papas a licença de poder ensiná-la, escrevê-la e nunca foi condenada.

Creio que esta segunda visão que tem o ser humano como centro é mais terapêutica. Por quê? Porque hoje, mais do que nunca, pelas ciências antropológicas, pela visão do universo como sistema aberto e, particularmente, pela física quântica, a realidade é considerada como fundamentalmente virtual. A matéria não existe, só existe tendencialmente. O que existe é o universo infinito de potencialidades que vem deste abismo generativo quântico de onde tudo emerge, de onde tudo sai.

Então, o ser humano é fundamentalmente um ser utópico, um ser que ainda não nasceu. Vai nascer, está nascendo lentamente e nós estamos em uma fase da sua realização. Por outro lado Jesus, um portento do processo evolutivo, nasceu totalmente, por antecipação.

Neste sentido, a ressurreição é a revolução na evolução. A evolução dá um salto e chega ao final. É uma espécie de miniatura daquilo que todos nós vamos ser, já antecipada. Para termos alegria e vivermos na jovialidade. Depois que Cristo ressuscitou não temos mais motivos para sermos tristes. É o drama humano que tem uma solução feliz. É o ser humano que nasce totalmente.

São Paulo diz: "Ele é o novo Adão". O primeiro Adão não é aquele que conhecemos. O primeiro Adão é o Cristo e o Adão histórico foi feito à imagem do Cristo. O primeiro homem é Jesus. Os outros são feitos à sua imagem e semelhança. Mas eu gostaria de ouvir a opinião de Jean-Yves a respeito.

Jean-Yves Leloup: Talvez o estudo comparado das religiões possa nos ajudar a aprofundar esta questão – Homem-Deus ou Deus-Homem. Lembro a vocês a doutrina e a experiência dos três corpos, no budismo e no cristianismo. Mas, talvez, haja uma solução também para aqueles que não são nem cristãos nem budistas.

Na tradição budista se fala do *Tripitaka*, isto é, dos três corpos de Buda. Em primeiro lugar, há o Sidarta Gautama, o ser histórico, que viveu seis séculos antes de Jesus Cristo. Sidarta, depois de um longo trabalho de ascese e de transformação, a partir de um determinado momento foi chamado de Buda. Este, cujo *Nous* foi iluminado e clarificado sem entraves. O Buda é uma manifestação do estado potencial chamado *Budeidade*, que é a mais pura luz, a clara luz da qual falam os budistas. Ou o *Dharmakaia*.

Quando nós olhamos o cristianismo, encontramos o ser histórico Jesus de Nazaré, que, como já dissemos, veio seis séculos após o Buda. A este ser histórico chamamos Cristo. Esta palavra, *Christus*, é a tradução do hebraico *Meshiah* que quer dizer "aquele que foi ungido" ou "aquele que recebe o Espírito, manifesta-o e dá testemunho dele". Cristo se torna, assim, a manifestação do *logos*, o *logos* a que São João se refere no Prólogo do seu Evangelho: "Ele é a luz que ilumina todo homem que vem a este mundo". Não ilumina somente os cristãos mas todos os seres.

Quando estive na Tailândia, encontrei um monge budista que me disse: "Por que você adora um ser que fracassou na cruz? Nós budistas veneramos a encarnação da *Budeidade*, a encarnação da pura luz, que nós chamamos de Buda." Eu então lhe respondi: "É curioso, porque no Ocidente nós dizemos o contrário. Que o Buda é apenas um homem, um sábio, que despertou para a luz. Enquanto que o Cristo é o *logos* encarnado".

Portanto, vocês sentem que a comparação, no domínio das religiões, é sempre perigosa. Porque nós não comparamos o mesmo nível do ser. Ele comparava a *Budeidade* a Jesus de Nazaré e, da mesma forma, eu comparava o *logos* encarnado ao homem Sidarta Gautama.

Por isso, como dizia Leonardo, em muitas tradições há teologias descendentes – a *Budeidade* se encarna na matéria e se manifesta como Buda; o *logos* se faz carne e se manifesta como Cristo. Mas há também as teologias ascendentes, onde se falará de Sidarta como um homem que, através do seu processo de transformação, desperta para a *Budeidade*; e se falará de Jesus de Nazaré como de um homem que, através de certo número de encontros, de certo número de provações e de experiências, abre-se à presença do *logos* e se torna a sua manifestação: a Palavra encarnada.

Se nós compararmos Sidarta Gautama a Jesus de Nazaré não encontramos muitos pontos em comum. Eles viveram em culturas e meios muito diferentes. A vida de Jesus é trágica. Ele é um homem jovem que morre cedo, em condições de inocência e de injustiça. Sidarta Gautama morreu muito velho e sua morte foi causada por uma indigestão com carne de javali. E, quando falo desta indigestão, lembro o contexto de compaixão em que ela se situa. Sidarta aceita de uma velha mulher a única coisa que ela possui – a carne deteriorada de um javali. Ele sabe disso, mas quer mostrar a seus discípulos que o mais importante, mais que a justiça ou a retidão da existência, é a compaixão. E, se na nossa justiça falta compaixão, há o risco de que ela seja uma falsa justiça.

Se compararmos, porém, Buda e Cristo, encontraremos muitos pontos de ressonância. Porque tanto um quanto outro procuram a libertação do homem. Procuram a libertação do sofrimento, não somente físico mas também psíquico. E também a libertação do sofrimento espiritual que é um verdadeiro sofrimento, o sentir-se cortado das raízes do seu ser.

Como nos religar à fonte que se chama pura luz, *logos*, informação criadora, o Pai, a Mãe, que está na origem de todas as coisas? Mas neste nível estamos além das palavras. E não há comparação possível. Neste ponto, podemos dizer como os Antigos que não há outra realidade senão a Realidade. Que a Realidade é uma, mas que ela pode se manifestar através de corpos e de rostos diferentes.

É por isso que, mesmo não sendo budistas ou cristãos, esta questão nos interessa, nós queremos fazer esta experiência em nós mesmos, com palavras absolutamente neutras. Nós somos todos seres históricos, estamos todos na matéria. A *matéria* é nosso primeiro corpo. Mas temos também um corpo energético e, ao lado da matéria, podemos falar de energia. A *energia* é este mundo da alma que nos habita. Quando vocês estão amando, a matéria de vocês está energizada. Quando vocês rezam ou meditam a matéria se abre para uma outra dimensão.

Podemos fazer a experiência do nosso corpo energético e, mais profundamente ainda, além da matéria e da energia, podemos falar da essência. A *essência* que está além das formas, além das sensações. E na nossa experiência podemos viver momentos essenciais, momentos de completo silêncio. Aproximamo-nos desta realidade que na tradição cristã é chamada de *logos*, que na tradição budista se chama *Budeidade* e que em outras tradições terá outros nomes. O importante não são os nomes. O importante é a Realidade, é a experiência da Realidade.

E, repetindo novamente, não opor a nossa experiência histórica, a nossa experiência psíquica e energética, continuando sempre abertos à experiência do ser Essencial. Porque quer subindo ou descendo, o mais importante é a abertura. Abrir-se para o alto e abrir-se para o baixo.

3. Quero colocar esta pergunta para Leonardo e Jean-Yves, pela própria vivência que os dois têm nos revelado em seus discursos.

O mundo real de hoje tem uma lógica: a dos pobres e dos ricos, dos patrões e trabalhadores, do mundo da empresa. Ou do mundo real da política, no qual somos obrigados a viver, eu e um colega deputado aqui presente. Se algum deputado acostumado à lógica da política entrasse aqui e conversasse com os companheiros e companheiras deste auditório, escutasse as exposições, julgariam todos completamente loucos.

Eu mesmo experimentei um sentimento de estranheza durante estes dois últimos dias que aqui passei, onde se nota uma diferença enorme com o mundo em que sou obrigado a viver e com o ar que respiro dentro do Congresso Nacional. Esta unidade bonita que vai do absurdo à graça. Que passa pelo mineral, pelo animal, pelo vegetal, pelos Anjos e Arcanjos e pela luz. É uma realidade bonita e que, inclusive, enche-me de forças para segunda-feira enfrentar novamente o meu trabalho.

Mas eu pergunto a Leonardo e a Jean-Yves: Como é que vocês veem a consistência disso que vocês expõem? Porque nós pensamos e vivemos na lógica do capitalismo, na qual estão inseridos o pobre e o rico, o patrão e o empregado e nós, os políticos.

Hoje pela manhã tomei café com um jovem empresário palestino que se entregou por inteiro à revolução no seu país. Este jovem chegou aqui, tornou-se um empresário e atualmente tem a lógica do empresariado. Seus grandes ideais ficaram do outro lado do oceano como ideais de sua raça e de seu povo. Aqui ele entrou em uma lógica diferente, onde é obrigado a pensar que existem determinadas leis, determinadas exigências que não pode deixar de cumprir.

As exigências em cima do pobre são maiores e as consequências mais funestas. Nós, políticos, entramos em uma lógica de mentira. Aqui entre vocês sentimos a ânsia, o desejo de encontrar a verdade e a realidade, de encontrar o ser humano no que ele tem de mais profundo. A política, pelo contrário, é a arte de saber enganar, de fazer o teatro, porque não se faz política sem versão. É pela versão que vamos conquistando o espaço político, apesar de termos as melhores intenções de utilizar o poder para servir. Na política a lógica é a da mentira, do teatro, da encenação. E é para vocês me perguntarem por que eu estou lá ainda...

Pergunto, portanto, a Jean-Yves, a Leonardo, a Pierre, a Roberto, qual é a consistência desta bela unidade? Desta linda articulação de tudo com tudo, neste mundo concreto? Com este mundo empresarial de hoje, privatizante, globalizante, com um mercado mundial inteiramente unificado e, especialmente, no mundo nosso da política onde só o que existe é a busca do poder pelo poder?

Em São Lucas, capítulo 22, Jesus considera o poder como algo fatalmente autoritário e impostor, quando fala: "Aqueles que têm poder neste mundo, exercem-no com autoritarismo e ainda querem se fazer passar por benfeitores". Pode parecer que Jesus é fatalista. Ele fala isso na sua última refeição com seus discípulos. Mas eu creio que a sua palavra se refere aos poderosos de todos os tempos. E, logo em seguida, ele completa: "Entre vocês não será assim". E dá uma receita que em 2000 anos não conseguimos implantar ainda no coração da sociedade, pelo menos aqui no Ocidente.

Então, para mim, esta é a questão. Quando Leonardo falava há pouco, parecia Francisco falando. Todos vocês parecem místicos e se identificam com eles. Mas, face a esta lógica que citei, como se passam as coisas? Como é que tudo isso se engrena aí dentro?

Roberto Crema: Permito-me lembrar uma frase de Henry Thoreau que sempre me tocou muito e que escreveu *A desobediência civil*. Este foi o livro de cabeceira de Mahatma Gandhi. Em um momento muito feliz, Thoreau escreve: "Um justo no meio de seus muitos vizinhos já é maioria de um". Portanto, viva a maioria de um!

Leonardo Boff: O nome deste deputado que acaba de nos falar é Tilden Santiago. Durante anos foi padre operário em Nazaré na Palestina, vivendo como carpinteiro como Jesus viveu, pescando no lago de Genesaré, identificando-se com os palestinos. Fez uma opção dura e difícil a favor dos palestinos e por isso foi muito perseguido.

Voltou ao Brasil trazendo esta mesma luta, foi preso e torturado, fez-se camponês no Nordeste, tentando a reforma agrária junto com os camponeses, foi preso, torturado e já por duas vezes é eleito deputado. Sempre leva junto toda uma dimensão mística de oração, de grupos que ele cria e hoje é o presidente do PT para toda Minas Gerais. Fiquei muito feliz quando alguém do auditório falou: "Quero saber como esse deputado se chama para que eu possa votar nele".

Vejam, o que o Tilden colocou é muito sério. É a experiência comum que todos nós vivemos. Primeiro, que os políticos só pensam em uma intenção – na segunda intenção. E, nesta questão de política, os budistas já diziam: "Nos políticos não olhem a boca que fala, olhem as mãos que fazem. Assim, não se enganarão". Com o Tilden, porém, devemos olhar suas mãos que fazem e sua boca que diz coisas significativas.

Em nossa cultura, creio, vivemos uma espécie de lobotomia cerebral. A cultura dominante é mecanicista e dualista, trata a pessoa humana como coisa e não como sujeito. O capitalismo não ama as pessoas. Ama seus músculos, sua força de trabalho. Ama a cabeça do médico, a caneta do jornalista, sua capacidade de produzir. Não ama a pessoa, ou melhor, ama-a tanto quanto ama o carvão no processo produtivo. Este processo de profunda desumanização, está presente no paradigma, no cânone ocidental que vem do século XVI. Que começa a considerar a terra como uma coisa inerte, os objetos separados uns dos outros, sem a visão das conexões. Como consequência desta visão posso tratar todas as coisas como eu quiser, pesquisar, quebrar sua unidade orgânica, sua complexidade, separar e cortar.

Nós todos fomos educados nesta escola de faraós, uma escola perversa que tudo pensa em termos de poder, chave desta cultura. Do poder como dominação. A alma disso tudo é a vontade de potência, de dominação que nos faz cegos e surdos para a mensagem das coisas, para a beleza do universo. Silenciamos tudo para que só nossa voz seja ouvida. Somos incapazes de dialogar com o nosso eu profundo, com a nossa centralidade. Esta centralidade, para os que têm fé, é Deus; para os que não têm fé é o seu eu profundo, o seu centro, não importa o nome que lhe dermos.

Esta escola de poder criou cultura, criou instituições. E a política foi a instância onde esse modelo mais se formalizou porque é na política que se cria o poder e onde reproduz o sistema. Por isso é que estamos em crise hoje, crise civilizacional, crise de paradigma. A sociedade conheceu grandes transformações em termos de crescimento tecnológico e isto não podemos negar. O que muitos chamam de desenvolvimento, eu chamo de crescimento material. Trouxe mil comodidades, do microfone à luz elétrica, do avião ao ar refrigerado. Isto é fantástico! O ser humano usou sua inteligência para interferir na realidade, para produzir esse tipo de mundo que temos. Ocorre, porém, que esta é a única maneira que ele considera legítima. Todas as demais formas são consideradas ultrapassadas e sem valor.

Em virtude disso, os homens dessa razão analítica, a partir de Galileu Galilei perseguiram os alquimistas, as bruxas, os magos e os que faziam curas. Tudo o que era alternativo, as formas de cura, as formas de compreender o mundo, era desmoralizado, perseguido, liquidado. Hoje continuamos a fazer a mesma coisa.

Perguntem a um médico como ele age diante de uma pessoa que realiza curas por métodos alternativos. Ele a processa.

Estou vindo de Cuiabá, de um congresso de homeopatia popular. Neste ramo de homeopatia popular já foram formadas mais de 4.000 pessoas. No auditório, um dos médicos homeopatas estava com um processo embaixo do braço, denunciando os presentes por uso ilegal da medicina, que era necessário proibi-los de tratar os pacientes e de darem receitas. E essas pessoas, homeopatas populares, atendiam a todos e faziam curas, porque os médicos formados não iam até o interior do país. Importa combinar os vários caminhos da cura para atender a integralidade da saúde humana.

É preciso que nos demos conta de que hoje não podemos levar adiante somente a razão instrumental, analítica, transformadora do mundo. Se levarmos adiante essa ditadura podemos conhecer o destino dos dinossauros, que desapareceram todos. Este é o destino da nossa razão? Ela é terrível, ela é mortal, ela é brutal. E como estamos lobotomizados, tornamo-nos insensíveis. Podemos sacrificar as árvores, o ar, o solo, o subsolo, matar os animais, assassinar crianças, deixar velhos morrer de fome e sem aposentadoria em nome de um desenvolvimento material cada vez mais insustentável? A razão se ordena à inteligência e a inteligência à contemplação do mistério do mundo que chamamos Deus.

Para tentarmos ser plenamente humanos devemos hoje *revisitar outras formas de sermos humanos*, mostradas por outras antropologias menos redutoras que a nossa, mostradas por outras tradições espirituais mais integradoras. Daí a importância de São Francisco que resgatou a importância do coração e da ternura.

Temos que pensar em outras formas de *pronunciar o mundo*, de produzir não só pelo mercado, pelo processo industrial, mas produzir de forma cooperativa como o povo e os índios fazem. Quer dizer, tornar plural a nossa forma de vida na sociedade, na política, na produção, nas ideologias, na religião, nos caminhos terapêuticos pelos quais o ser humano se constrói.

Creio que hoje, neste processo de mundialização, somos colocados em contato com várias tradições culturais, espirituais, religiosas, econômicas. Se não dialogarmos e assumirmos a pluralidade, fossilizaremo-nos. Imporemos a nossa cultura aos demais e agravaremos a situação de crise entre o Norte e o Sul. Temos que fazer autocrítica, dialogar com todos os caminhos, aprender uns com os outros, ter uma lógica dialógica. Nós, cristãos, temos uma referência concreta dessa lógica, que é a Santíssima Trindade, Pai, Filho, Espírito Santo. As divinas pessoas são distintas para poderem se unir numa absoluta comunhão. Diferentes mas iguais em eternidade e dignidade.

Os políticos conscientes têm que fazer, têm a fazer uma *anticultura política*. Usar armas que a maioria dos políticos convencionais não consegue usar que é a verdade e a transparência. Questionar a ditadura de uma só forma – tornando tudo plural e democrático. Especialmente, ouvir o povo, pois o povo é sábio. Ele subsistiu há 500 anos de opressão e está aqui. Sabiamente tem mil formas de sobreviver, de comer, de se arranjar para dar sentido à vida. Ninguém é mais sábio que uma dona de casa que vive do salário mínimo e com ele tem que chegar ao final do mês. Não existe um economista maior que essa mulher. Temos que escutar esta sabedoria acumulada de 500 anos, feita de sofrimento, lágrimas e resistência.

Quem escuta o povo? Poucos políticos como Tilden estão com o ouvido colado nele. Esta atitude seria a *sanidade do poder*. Nesta democratização nós nos humanizamos, fazemo-nos sensíveis uns aos outros porque superamos a uniformização, superamos o ser humano unidimensional que é a sua morte como pessoa humana já que ele é um nó de relações, de virtualidades em todas as dimensões e foi criado criador.

Jean-Yves: Fiquei muito sensibilizado com a questão das mentiras. Porque creio que há um momento em nossa vida a partir do qual nós podemos nos enganar, mas não podemos mais mentir para nós próprios. É por isso que é difícil tornar-se um homem político. Mas, mesmo não sendo políticos, cada um de nós tem uma forma única e pessoal de colaborar com o bem-estar de todos.

A este propósito lembro o sonho de uma criança chamada David. Em seu sonho Deus lhe diz: "David, é preciso salvar o mundo. Esta sociedade está podre e é preciso transformá-la". Ele responde: "Sim, Senhor". Pela manhã, após acordar, David pensa: "Eu quero transformar o mundo, mas o mundo é grande. Por onde começar? Vou começar pelo meu país. Mas o meu país é grande. Talvez comece pela minha cidade. Mas a minha cidade é grande. Então vou começar pela minha casa. E pouco a pouco David se aproxima do seu quarto e do seu próprio coração. Ele decide nunca mais mentir. Para ele foi o começo de uma grande transformação que o fez sair do seu quarto, que o fez ir além de sua casa, que o fez descobrir o país onde ele habita, a terra na qual seu país se encontra e o universo.

Assim, eu penso que cada um de nós, ao receber este apelo para transformar o mundo, começa por este pedaço de universo que lhe é confiado que é o seu próprio corpo, que é o seu mental, que é também sua família e, além dela, o mundo. Mas é preciso começar lá onde concretamente podemos fazer alguma coisa. Por isso, eu volto a citar a pequena história de Madre Teresa de Calcutá a quem se reprovava por não ter projetos políticos e da quase inutilidade da sua ação aos pés dos doentes e moribundos. Vocês se lembram de sua resposta: "Meu trabalho é como uma gota d'água, mas o oceano é feito de gotas d'água".

Não posso deixar de ver esta gota d'água que está aqui (Jean-Yves aponta para um vitral que tem a forma de uma gota d'água). É através desta gota d'água, desta gota de consciência ou de trabalho, que cada um encarna a sua vida, de maneira única. É através desta gota d'água que vemos o mundo. Às vezes ela pode ter a forma de uma lágrima e vemos o mundo através das nossas lágrimas.

O importante, entretanto, é esta realidade. O importante é escolher a janela que se abre para o mundo. Hoje temos necessidade de todas as janelas, a janela do terapeuta, a do homem-político, a do homem ou da mulher que vive simplesmente sua vida humana, introduzindo nela um pouco mais de humanidade.

Como não podemos mover uma palha, sem perturbar uma estrela, transformar-se a si mesmo não é poesia, é física. Transformar-se é transformar o mundo porque nada está separado.

Pierre Weil: Este questionamento também me atingiu muito, enquanto reitor da universidade que está realizando este conclave. Porque a Unipaz foi criada exatamente para responder esta pergunta.

E fiquei impressionado, porque deste debate jorrou, emergiu, a teoria fundamental dessa universidade que é uma tentativa de síntese entre a tradição, de um lado, e ciência, filosofia e arte do outro lado. O modelo dessa teoria fundamental aponta para uma ação em três planos: indivíduo, sociedade e natureza. Se um desses planos é esquecido, um projeto como esse torna-se capenga. E nestes três planos temos que levar em consideração essa triunidade da qual todos falaram aqui. A triunidade do Pai, do Filho e do Espírito Santo. O espaço, a energia, o espírito que se traduzem sob forma de matéria, de vida, de informação. Do *Dharmakaia*, do *Sambhogakaia* e do *Nirmanakaia*.

Gostaria de lembrar que, no plano individual, agimos através da educação, agir sobre o corpo (a matéria), sobre as emoções (vida), e sobre a informação (inteligência), redescobrindo o espírito que compõe todos eles.

No plano da sociedade agimos sobre a cultura que é a inteligência, a informação na sociedade, sobre a vida política e social e sobre a vida econômica.

No plano do meio ambiente agimos sobre a matéria, a vida e a informação.

No nível educacional agimos no nível da pesquisa e no nível da ação reparadora, na qual entram as grandes terapias – a terapia do indivíduo, a terapia da sociedade (socioterapia) e a terapia ambiental, se ainda for possível, do que nós estragamos no meio ambiente.

Vem, então, a grande pergunta da política. Para cada um destes assuntos nossa universidade tem projetos, planos, que está levando adiante aos poucos, na medida dos seus parcos recursos. Entretanto, o nosso maior recurso é a força humana que está aqui nesta sala. Desde o início de nossa universidade pensamos em procurar os políticos e pensar em uma reparadigmatização das elites. Porque todas as elites, não só do Brasil mas do mundo, estão estagnadas em um antigo paradigma, estão em um credo ultrapassado e não têm consciência disso. Cabe a uma universidade como a nossa apontar nessa direção.

E, no caso dos políticos, está conosco hoje o Deputado Paulo Lima que, generosamente, tem procurado preencher esse papel. Em um primeiro ensaio conseguiu reunir deputados e senadores de todos os partidos, numa ação que agora precisa ser reforçada. Acredito que temos de fazer a mesma coisa nos sindicatos. Introduzir a visão holística na política. É isto que estamos procurando fazer.

Este trabalho é pioneiro. Como disse Schopenhauer, as novas ideias são primeiro ignoradas – como no caso do transpartidarismo político que, por enquanto, está sendo ignorado. Depois, as novas ideias são ridicularizadas, depois violentamente combatidas e enfim adotadas pelos que sempre as combateram e que passam a dizer: "Eu sempre falei isso..."

Creio que precisamos criar universidades holísticas no mundo. A nossa Universidade Holística de Brasília está irradiando através de vocês, através dos círculos holísticos, através dos estudantes de transpessoal e da formação holística de base. É através de vocês que realmente estamos tendo uma influência muito profunda em todos os ramos da sociedade. Este auditório é inter e transdisciplinar, tem gente de todos os partidos, de todas as religiões e sem religião e de todas as profissões. É nessa direção que precisamos agir. É por isso que esta reunião, este conclave de hoje é o maior que já tivemos. Talvez até pela presença de São Francisco entre nós.

Roberto Crema: Se cabe uma palavrinha mais, falou-se na questão do poder, nas questões da riqueza, da pobreza e da justiça. Quero lembrar-lhes o arquétipo de Salomão. Quando ele podia ter pedido tudo, ele pediu um coração que escuta. E, por ele ter pedido um coração que escuta, tudo o mais lhe foi concedido.

Aqui no Brasil está tomando forma, definitivamente, o Colégio Internacional dos Terapeutas (C.I.T.) . O colégio é um jardim fecundo, no qual poderá germinar e florescer este coração que escuta, esta escuta inclusiva, esta escuta da razão, da inteligência, do coração e do sopro, realizando o milagre da maioria de um. De cada gotinha, de cada lágrima que todos nós encarnamos aqui.

Lembro que no C.I.T. esta palavra *terapeuta* não pertence nem a médico, nem a psicólogo. Ela vem dos padres do deserto que eram também médicos, psicólogos, educadores. A Organização Mundial de Saúde há mais de 20 anos vem convocando todas as pessoas para serem agentes de saúde, pois o planeta inteiro está enfermo. A questão da saúde não é latifúndio de ninguém. É preciso que haja políticos terapeutas, sacerdotes terapeutas, psicólogos, médicos e psiquiatras terapeutas, educadores terapeutas, mães e pais de família terapeutas, artistas terapeutas. Cada um de nós é convocado a ser terapeuta, que é aquela pessoa que cuida do corpo, da psique, da dimensão noética, alimentando-se da fonte do sopro.

4. Jean-Yves, qual seria sua interpretação simbólica, arquetípica, de um sonho em que a pessoa que sonha escuta uma voz feminina que vem do deserto e lhe diz: "Vá para a Babilônia!", no momento em que ela está em pé, no Rio Jordão, em um encontro com João Batista?

Jean-Yves: – É um sonho que alguém teve? – *Sim.* – É um sonho de mulher? – *Sim.* Inicialmente é preciso dizer que não se pode interpretar um único sonho. Cada um pertence a uma cadeia de sonhos. E cada sonhador tem o seu registro simbólico que o terapeuta deve, pouco a pouco, descobrir. É por isso que ele não vai interpretar o sonho dessa maneira.

Mas, já que a questão está colocada, eu posso ajuntar alguns sonhos a este sonho. Porque é sempre um sonho que pode compreender um outro sonho. Os Antigos Terapeutas colocavam o sonho em relação com textos das Escrituras sagradas, pois tanto de um lado como do outro é a linguagem do inconsciente que fala. Portanto, se relacionamos este sonho com o inconsciente coletivo e os textos sagrados da tradição judaico-cristã, podemos notar vários elementos:

- uma voz feminina
- o deserto
- a água e João Batista
- a voz que chama para a Babilônia

Se nós interiorizamos este sonho, ele pode nos trazer, a partir deste espaço feminino do nosso ser, esta voz da Sophia, esta voz da Sabedoria, que é também a voz de *Rouah,* que é feminino em hebraico. No momento em que estamos em silêncio, no momento em que estamos mergulhados no Jordão com João Batista, esta voz que vem do deserto é um convite a irmos para a Babilônia.

Vocês sabem que a palavra Babilônia contém a palavra Babel que significa "confusão das línguas". Assim, o que esta voz pede ao sonhador, o que a Sabedoria e o Espírito pedem ao sonhador, é que saia deste lugar profundo, deste mergulho (a palavra batismo quer dizer mergulho e João Batista é aquele que mergulha em profundidade), e vá ao encontro do Cristo interior, pois ele também está retornando do deserto após ter conhecido as provações.

E que o sonhador vá ao mundo, ao mundo da confusão das línguas, à Babilônia, onde os cientistas não compreendem os teólogos, onde os psicólogos não compreendem os místicos, onde cada um está preso à sua linguagem. É isto que se chama de "o conflito das interpretações". O conflito das interpretações do mundo e do homem, o conflito entre as diferentes interpretações do ser humano, o conflito entre as diferentes formas de sociedade que nos são propostas.

Esta voz seria como um chamado para levar um pouco de silêncio, um pouco deste deserto profundo, um pouco deste *animus* profundo de João Batista até a cidade da confusão, à Babel, à Babilônia. É como um chamado a batizar o mundo, a batizar todos estes diferentes conflitos, a não mais ter medo.

E então, de novo, encontramos outro texto bíblico que nos fala de Jonas. Ele é chamado a ir para Nínive, a grande cidade, a cidade inimiga, a cidade dos conflitos. E se pensamos na história de Jonas, este sonho pode ser uma mensagem pessoal para o coletivo e pode ser também uma mensagem para um trabalho interior. De fazer vir alguma coisa deste silêncio, desta profundidade, deste deserto, para este lugar que em nós representa a Babilônia.

Para alguns, Babilônia está na *cabeça*, são as ideias e as razões que se opõem. É na cabeça que está a confusão. Para outros, a Babilônia está no *coração* e é aí que está a confusão entre os sentimentos, as emoções, os apegos a diferentes homens ou a diferentes mulheres. Para outros ainda a Babilônia é o seu próprio *corpo* onde há uma confusão entre os impulsos, algumas vezes doenças, lutas internas em nossas células. E nestes três níveis o sonhador sabe onde está a sua Babilônia. É preciso então introduzir nela este espaço de paz e de silêncio, simbolizado pela presença de João Batista e por esta posição ereta no meio do Jordão. Este Jordão que é o rio da vida que nos transporta. É no coração desta vida que corre e nos transporta que nos manteremos de pé, eretos, até mesmo na dimensão babilônica do nosso ser.

Assim, este sonho pode ser interpretado em diferentes níveis. Eu agradeço à pessoa que o compartilhou conosco, porque reencontramos uma prática que se conhece bem entre os antigos ameríndios. A cada manhã eles compartilham seus sonhos. Este sonho pode falar ao sonhador e falar também a uma coletividade inteira. Pode falar a cada um de nós, após tudo o que evocamos durante estes dias.

5. *São Francisco conviveu com o cúmulo do sofrimento e o cúmulo da graça. Em uma outra oportunidade escutei Pierre falar sobre a correspondência entre sanidade e santidade e para mim é difícil compreender isso. Sinto, mais ou menos, como se em São Francisco a sanidade do corpo e do* Ego *não fossem relevantes. Gostaria de ler um trecho do livro de Jean-Yves,* Caminhos da realização: *"Cristo antes de dizer: 'Sim, que seja feita a tua vontade', disse: 'Se é possível, afasta de mim este cálice'. Este é um sinal de que Cristo tinha boa saúde. Seu* Ego *resistia a esta manifestação total de amor".*

Jean-Yves: Esta é uma pergunta grave e importante que se refere a duas questões do cristianismo: a questão do sofrimento e a questão da sombra em São Francisco.

O que eu dizia, no trecho do livro que você citou, é que, efetivamente, Cristo não era masoquista. Ele não tinha nenhum prazer em sofrer. É importante lembrar que ele não procurou o sofrimento. Porque, algumas vezes, o cristianismo utiliza o sofrimento e a cruz do Cristo, o sofrimento de Francisco de Assis para incensar nossas tendências masoquistas. E este não é o caminho do Evangelho.

Por isso, é importante que o Cristo, antes de sofrer, antes de entrar em sua Paixão, tenha dito *não*. Eu quis dizer que, antes de entrar em um sofrimento, é preciso lutar contra ele, fazer tudo o que pudermos para lutar contra uma doença, como ele mesmo fez. E quando não pudermos mais fazer nada contra, é preciso que lancemos um olhar positivo sobre o negativo. E transformar, pela consciência e pelo amor, esta realidade negativa. Esta é a atitude de Cristo, no Evangelho. Depois de ter dito *não*, poder dizer, realmente, *sim*.

Porque, através deste *sim*, ele poderá manifestar uma maior consciência e um maior amor. Através da própria morte ele poderá mostrar que a morte não será a última palavra da vida, que não é o negativo que vai ter a última palavra, que não é o sofrimento que vai ter a última palavra, não é a violência que vai ter a última palavra, mas é o amor que terá a última palavra, porque ele é mais forte que a morte. Este amor não passa ao largo dos acontecimentos mas os atravessa. E realmente transforma.

E assim, o que se pode dizer do sofrimento no cristianismo é que, nele mesmo, nunca é bom. Mas mesmo não sendo bom podemos fazer dele alguma coisa boa. Para retomar um exemplo que Pierre nos deu outro dia. Eu posso deixar o sofrimento fora da minha mão e fechá-la. Ou eu posso tomar o sofrimento na minha mão e com ele escrever algo sobre a minha vida. Há uma forma de reagir ao sofrimento, de se defender, de se fechar, que pode conduzir a impasses. E há uma forma de se abrir, de dizer sim depois de ter dito não e que pode fazer do sofrimento uma ocasião de transformação.

A segunda questão, a realidade da sombra, vocês terão ocasião de ler no Capítulo 4 deste livro. A questão colocada é: Será que o corpo de Francisco de Assis e o seu *Ego* não estariam, de certa maneira, rejeitados e desprezados? Como eu já lhes disse, o encontro de Francisco com sua irmã Clara, que é sua dimensão feminina externa e internamente, permitiu-lhe descobrir que o seu corpo não era o corpo de um burro mas o corpo de um homem. Houve como que uma transformação da sua sombra.

6.2 A celebração final

Jean-Yves Leloup

Iremos celebrar o que a tradição cristã chama *o batismo*. É no templo da natureza que iremos celebrá-lo, na cachoeira, ouvindo o canto dos nossos irmãos pássaros, eventualmente o ronco do nosso irmão avião, o sibilar do nosso irmão vento.

Talvez possamos dizer algumas palavras sobre este ritual do batismo. No primeiro século do cristianismo não se falava apenas no batismo, mas da iniciação cristã. Esta iniciação tinha três etapas. A *primeira etapa era o mergulho na água*. A palavra *batisaia* quer dizer mergulhar. Mergulhar por completo, porque temos necessidade de sermos inteiramente lavados. Lavados de nossas memórias pessoais e coletivas. Esta primeira etapa corresponde ao que os antigos chamavam de *via purgativa*, via de limpeza e de purificação.

E aí os antigos nos lembram, igualmente, que não é porque nós mergulhamos uma vez na água que estaremos limpos pelo resto da vida. Simeão, o Teólogo, dizia: Se você se batizou na água e você não se batizou em suas lágrimas, seu batismo é apenas um batismo exterior. Por isso, os gestos que nós fazemos são gestos simbólicos e podemos compreender seu sentido em outros momentos de nossa vida. Em momentos nos quais estamos, por exemplo, mergulhados em nossas lágrimas, momentos em que nosso coração se torna líquido e do nosso seio correm rios de água viva. Aí nós vivemos a realidade da qual o batismo, o mergulho na água, é o sinal.

A *segunda etapa é a unção do óleo*, porque não se pode separar o mergulho na água do dom do Espírito. Não é suficiente estar limpo, é preciso ainda receber o amor, receber o Espírito. E trata-se de receber a unção do óleo sob a forma de cruz em diferentes partes do corpo, na fronte, nas orelhas, no coração, no ventre, nos joelhos, nos pés. Para nos lembrar que o nosso corpo não é o túmulo da alma mas o templo do Espírito. E que temos de abrir todas as nossas janelas.

E o sinal da cruz é um sinal de abertura, de abertura para o alto, para o baixo, para a direita, para a esquerda. Como dizia São Domingos, a cruz é o grande livro da arte de amar. Ela me impele para o alto, para a transcendência mas também para a horizontal, em direção a todos os meus irmãos, a todos os homens. E fazer o sinal da cruz sobre si mesmo é encontrar ao mesmo tempo sua vertical, seu amor do Pai, da transcendência, e sua horizontal, seu amor dos outros, dos irmãos. E o encontro da vertical e da horizontal é o coração. Este coração do qual Leonardo falou tão bem. Então fazemos o sinal da cruz com óleo, uma unção com óleo para nos lembrarmos desta abertura. A segunda parte da cerimônia, portanto, a unção com o óleo, simboliza o que os antigos chamam de *a via iluminativa*. É lavar, purificar-se de todas as suas velhas memórias para receber o Espírito.

A terceira etapa é a comunhão. A comunhão representa a *via unitiva*. Como dizem os antigos, é como o beijo de Deus. É o sopro do seu ser que vem respirar no nosso sopro, através do pão e do vinho, através dos elementos de nossa vida quotidiana, do que me alimenta a cada dia.

Vocês sabem que o pão e o vinho, o Corpo e o Sangue, na tradição cristã têm uma correspondência: o pão corresponde à ação e o vinho corresponde à contemplação, à prece, ao êxtase. E quando o Cristo diz: "Coma e beba deste pão e deste vinho, é o meu Corpo e o meu Sangue", ele faz um convite para vivermos o que ele viveu no corpo, na ação mas também no coração, no vinho e na contemplação. Assim, não é somente um ato mágico externo, mas é um apelo a tornar-se na forma que é a nossa, o que ele encarnou – sua ação e sua contemplação, o pão e o vinho, o Corpo e o Sangue.

Portanto há estas três etapas. E estas três etapas eram inseparáveis na tradição antiga. É pena que as tenham separado, porque elas formam um todo. É por isso que hoje, os que quiserem, vão mergulhar na cachoeira, vão pedir o Espírito Santo e vão poder também comungar. Comungar pela primeira vez ou comungar novamente.

Ainda uma vez, é importante o passar do símbolo para a realidade. E não somente mergulhar na água, mas na profundidade líquida do nosso ser. Não é somente receber a unção do óleo, mas abrir todas as janelas do nosso ser. E sobretudo as janelas estilhaçadas, o espaço sofredor do nosso ser. Abrir a esta presença do Espírito que vai nos permitir transformar esta provação. Não se trata somente de comer o pão e beber o vinho, mas é preciso entrar na ação, na prática e na contemplação que o Cristo, ele mesmo, viveu. Este é o sentido profundo.

Em um primeiro tempo vamos mergulhar na cachoeira. Os que desejam ser batizados serão mergulhados 3 vezes em nome do Pai, do Filho e do Espírito Santo, simbolizando que Deus é relação, que o mais íntimo do ser é relação. Esta é a primeira etapa. A segunda fase é a unção do óleo e os que foram batizados podem pedir a unção do óleo. Os que não foram mergulhados na água mas sentem a necessidade de lembrar a si mesmos da presença do Espírito Santo podem vir receber a unção do óleo.

E, enfim, haverá o momento da Eucaristia, o momento da partilha do pão e do vinho. É um convite para viver o que Cristo viveu e contemplou. Então todos os padres e antigos padres que estão entre nós podem, é claro, concelebrar. Eu peço a Leonardo, a Tilden e aos outros para cantarem e celebrarem. É uma grande sorte para mim tê-los comigo, pois poderão cantar na língua da terra e não em uma língua estrangeira. E então poderemos cantar na língua deste país que canta tão bem com os pássaros e tão bem com a fonte que estará bem próxima de nós.

Mas que cada um se sinta livre para participar ou não. De vir, ou não, mergulhar. De vir partilhar o pão e o vinho, ou não vir. A comunhão que há entre nós está além dos sinais. Há entre nós pessoas que pertencem a outras tradições e que celebrarão a presença do ser sob outras formas. E, além das formas, podemos propor um ato profético, que em respeito a nossas diferenças, nós possamos degustar juntos um pouco do sabor da unidade. É um ato profético no sentido em que nós o vivenciamos em um mundo dilacerado, dilacerado pelas religiões, dilacerado pelas diferentes opiniões, dilacerado pelas injustiças.

Nós dizemos e afirmamos que uma transformação é possível. E que a última palavra não é a morte, não é o impulso de morte do qual nos falava Freud, que nós evocamos há pouco. Porque não é a morte que nós procuramos, como as crianças, que fazem coisas muito perigosas, procurando a sensação da vida, que elas sentem na proximidade da morte. Nós temos que passar de um impulso de morte fatal a um impulso de morte pascal. Uma passagem. É neste impulso de morte pascal, através do ritual de morte e de ressurreição, que nós somos chamados a interiorizar e a viver.

Mas, como dizem os Antigos, é preciso um minuto para trocar de roupa, para colocar uma roupa branca, e é preciso toda uma vida para trocar de coração. Obrigado.

Epílogo

Roberto Crema

O seminário termina neste momento. Por isso, é também o momento de agradecimento. Eu quero agradecer profundamente, de todo coração, ao nosso irmão *Leonardo Boff*, que irradiou e encarnou para nós o ideal do arquétipo franciscano. Ao nosso irmão *Jean-Yves Leloup*, que traz a chama autêntica dos antigos e dos novos Terapeutas. Agradeço também ao nosso irmão *Pierre Weil*, que esteve no exercício do sacro-ofício da tradução tão jovial. E ao irmão *Antoine Stauder*, que foi este especial "santo de orelhas", o que permitiu que Jean-Yves acompanhasse o discurso de Leonardo além de todas as discussões e perguntas feitas em português.

Agradeço também ao *Vicente e a toda equipe administrativa*, que organizaram tão bem este evento. E à *Bete*, que esteve à frente de todos os servidores da Unipaz. É preciso muito esforço e, às vezes, algumas lágrimas para manter esta casa aberta.

E quero agradecer também a cada irmã, a cada irmão desse auditório, sobretudo aos que vieram de outros estados, os que viajaram a noite, os que vieram de ônibus, os que vieram a pé, os que somos de Brasília. Agradecer aos visitantes que chegaram agora para participar do ritual iniciático cristão e, de forma muito especial, agradecer às criancinhas que estão nos mostrando que enquanto existir a inocência, a poesia e o coração aberto, haverá esperança para a humanidade.

Lembro um poema de despedida de Rabindranath Tagore, que diz:

> "É hora de partir, meus irmãos, minhas irmãs
> Eu já devolvi as chaves da minha porta
> E desisto de qualquer direito à minha casa.
> Fomos vizinhos durante muito tempo
> E recebi mais do que pude dar.
> Agora vai raiando o dia
> e a lâmpada que iluminava o meu canto escuro
> apagou-se.
> Veio a intimação e estou pronto para a minha jornada.
> Não indaguem sobre o que levo comigo.
> Sigo de mãos vazias e o coração confiante".

Mãos vazias e um coração confiante... é o que desejo a todos nós na longa caminhada rumo ao que somos.

Índice

Prólogo – *Roberto Crema e Pierre Weil*, 7

Nota da organizadora: A arrumadeira tem a palavra – *Lise Mary Alves de Lima*, 11

Introdução – *Jean-Yves Leloup*, 13

Capítulo 1, 17

   1.1 Introdução à fenomenologia dos itinerários espirituais – *Jean-Yves Leloup*, 17

      Primeira etapa: A experiência do numinoso, 19

      Segunda etapa: A metanoia, 20

      Terceira etapa: As consolações, 21

      Quarta etapa: A dúvida, 22

      Quinta etapa: A passagem pelo vazio, 23

      Sexta etapa: O estado de transformação, 24

      Sétima etapa: O retorno à vida quotidiana, 24

      Conclusão, 25

   1.2 As etapas do itinerário espiritual de São Francisco de Assis – *Leonardo Boff*, 27

      São Francisco e seu tempo, 28

      O numinoso chega como um pobre, 30

      A metanoia – O Cristo no pobre e no leproso, 31

      As consolações, no Cristo e no Evangelho, 34

      A dúvida ou o caminho da loucura, 36

      O vazio de uma realidade não desejada, 39

A transformação no Cristo, através do Evangelho, 40
Francisco, o homem ecológico, o irmão universal, 46

Capítulo 2, 49

2.1 A antropologia dos Terapeutas de Alexandria e de Graf Dürckheim – *Jean-Yves Leloup*, 49

As quatro visões do ser humano, 50
Consequências do nosso pressuposto antropológico, 57
O ser humano, resumo da criação, 59
O ser humano faz as pontes, 60

2.2 A imagem que São Francisco tinha do ser humano – *Leonardo Boff*, 65

Seu modo de vida projeta sua antropologia, 68
A fraternidade está na raiz de sua antropologia, 71
As características da antropologia de Francisco, 74
O ser humano é um entrelaçamento, um nó de relações, 86
O Seráfico Pai Francisco, 88

2.3 As dimensões de Francisco – *Jean-Yves Leloup*, 91

Capítulo 3 – A sombra – *Jean-Yves Leloup*, 95

O que é a sombra, 95
Os tipos de sombra, 96
Conclusão, 104

Capítulo 4 – O numinoso – *Jean-Yves Leloup*, 105

O numinoso na natureza, 107
O numinoso na arte, 108
O numinoso no encontro, 110
O numinoso na celebração, 112
Momentos numinosos, 113

Capítulo 5, 115

5.1 O discernimento – *Jean-Yves Leloup*, 115

Critérios da experiência numinosa, 116
O discernimento da consciência verdadeira, 122

O discernimento da palavra, 123
A nova consciência, 126
5.2 O numinoso e o discernimento em Francisco de Assis – *Leonardo Boff,* 128
A integração dos opostos, 129
A aceitação da sombra, 132
A crença na misericórdia divina, 134
Os efeitos da irradiação, 135
O templo no caminho, 137
A verdadeira alegria, 138
Bênção de São Francisco, 141

Capítulo 6, 143
6.1 Reflexões, perguntas e respostas, 143
Reflexão de Roberto Crema, 143
6.2 A celebração final – *Jean-Yves Leloup,* 165

Epílogo – *Roberto Crema,* 169

Coleção Unipaz – Colégio Internacional dos Terapeutas

– *Cuidar do Ser*
– *Caminhos da realização*
– *Terapeutas do deserto*
– *O Evangelho de Tomé*
– *O corpo e seus símbolos*
– *O Evangelho de Maria*
– *A arte de morrer*
– *O Evangelho de João*
– *Carência e plenitude*
– *Sinais de esperança*
– *Além da luz e da sombra*
– *Enraizamento e abertura*
– *Viver com sentido*
– *Escritos sobre o hesicasmo*
– *Livro das bem-aventuranças e do Pai-nosso*
– *O Evangelho de Felipe*
– *O essencial no amor*
– *Judas e Jesus: duas faces de uma única revelação*
– *Jesus e Maria Madalena: para os puros, tudo é puro*
– *Uma arte de cuidar: estilo alexandrino*
– *Pedagogia iniciática: uma escola de liderança*
– *O homem holístico: a unidade mente-natureza*
– *Normose – A patologia da normalidade*
– *Dimensões do cuidar – Uma visão integral*
– *A revolução da consciência – Novas descobertas sobre a mente no século XXI*
– *A montanha no oceano – Meditação e compaixão no budismo e no cristianismo*